Siljas Reisen

Von Mulis, Geierfedern und dem Glück, als Familie unterwegs zu sein

Für Susanne und Silja

Dieses Buch entstand aus der Liebe zum Reisen
und mit Achtung vor der Natur und den Menschen.
Und vielleicht macht es Lust aufzubrechen,
um anzukommen, dort und bei sich.
Die Welt mit Kinderaugen sehen – endlich wieder!

Siljas Reisen

Von Mulis, Geierfedern und dem Glück,

als Familie unterwegs zu sein

Stefan Rosenboom

Ich sehe Steine fallen aus zarten Kinderhänden, sehe kleine Füße
in viel zu großen Schuhen. Meine Mütze rutscht über blaue Augen.
Ich sehe ein Kind, wie es zum Himmel zeigt und »Rabe« oder »Geier« ruft.
Kurze Beine klettern über hohe Steine, durch tiefen Schnee.
Ein Frosch verzaubert den Blick, eine Geierfeder kitzelt im Nacken,
klares Wasser zerrinnt zwischen tanzenden Fingern.
Ich sehe ein Kind, wie es weint, gestolpert über den letzten Stein,
ich sehe den Trost, wie nur eine Mutter ihn geben kann.

| Von Daheim zum Horizont

Ich bin Fotograf. Ich bin viel unterwegs, auch mit meiner Frau. Als Silja auf die Welt kam, fragten wir uns: wird das so bleiben, werden wir uns einschränken müssen auf unseren Reisen? Im Gegenteil – wir haben so viel gewonnen, haben die Welt neu entdeckt, mit anderen Augen, mit Silja.

Und was wird Silja bleiben von diesen Reisen, die sie alle »ungefragt« mit uns erlebt hat? Ein Gefühl für das Hier und das Jetzt. Hoffe ich. Vertrauen in die eigene Kraft und die Freude am Sein. Die Lust auf das letzte Stück Schokolade und der Spaß am Teilen. Geborgenheit draußen im Wind, im Licht und im Schatten. Und der wunderbare Moment, nach Hause zu kommen, in die Jaudenmühle, von der wir immer wieder aufbrechen zu neuen Horizonten. Nur ein kleiner Punkt auf der Landkarte – und doch die Basis für alle Unternehmungen, seitdem Silja auf der Welt ist. Ein Raum, um Ideen zu entwickeln und von neuen Reisen zu träumen, aber eben auch ein Ort, um zu leben und sich geborgen zu fühlen.

Silja darf hier sein, es gibt keine Zäune und keine Verbotsschilder, aber es gibt Pferde, Schweine und Siljas geliebte Enten. Die Menschen, alle gemeinsam und jeder für sich – das ist Heimat, unsere Heimat. Die Jaudenmühle ist der Schlüssel zu unseren Reisen. Wir müssen nicht flüchten vor einem Alltag zwischen Autos und Beton, hier finden wir die Ruhe,

die wir brauchen, um bei allen Zweifeln an neuen Projekten und Visionen die Energie nicht zu verlieren, um immer wieder aufzubrechen oder einfach dort zu bleiben, wo es uns gefällt.

Aus dieser Lebenssituation heraus ist »Siljas Reisen« entstanden, ohne die konkrete Idee, ein Fotoprojekt aus den Reisen zu entwickeln. Aber mit jeder Reise und jedem Gewinn an Vertrauen in die Kleine und in uns wuchs auch die Vorstellung von einem Buch über das Glück, als Familie unterwegs zu sein. Das Ergebnis liegt nun vor, es ist ein sehr persönliches Buch, doch es ist gut aufgehoben in Händen auch derer, die selbst mit Begeisterung und voller Respekt die Welt entdecken wollen.

Stefan Rosenboom
Jaudenmühle, im Oktober 2008

1 I Durchs Wüstenmeer

Auf andalusischen Küstenpfaden am Cabo de Gata

Andalusien, ganz im Süden von Spanien, am Cabo de Gata, ein letztes Stück unverbaute Küste am Mittelmeer. Wir wollen wandern, von Ort zu Ort, von Bucht zu Bucht, und wir sind nicht mehr nur zu zweit! Dies ist unsere erste Reise als Familie. Wir sind jetzt zu dritt, Silja ist da, Glückskind und seit neun Monaten Zentrum unseres Lebens. Auf dieser Wanderung wollen wir versuchen herauszufinden, was möglich ist als Familie. Können wir auch weiterhin einfach aufbrechen, Landschaften entdecken, draußen sein, aus dem Rucksack leben und unser Zelt aufschlagen, wo es uns gefällt?

Silja kann nun, mit ihren neun Monaten, sicher in der Kindertrage sitzen, und so haben wir uns für diese Wanderung in Andalusien entschieden, allerdings noch ohne Zelt, um uns nicht gleich unter zu großen »Erfolgsdruck« zu setzen. Natürlich sind wir auch noch etwas unsicher. Wie viel kann und darf man so einem kleinen Wurm zumuten? Und so manche Situation oder auch Reaktion haben wir noch gar nicht erlebt mit der kleinen Silja. Was ist, wenn sie akut erkrankt? Kommen wir dann schnell genug zu einem Arzt? Tut ihr das lange Sitzen in der Kraxe gut oder schadet es ihrer Hüfte? Wird es zu heiß sein unter dem Sonnenschirm? Bekommen wir immer gute Beikost, damit sie sich gut entwickeln kann? Fragen über Fragen und keine Antworten. Und deshalb sind wir hier. Wir wollen selbst Antworten finden, wollen Erfahrungen machen, um entscheiden zu können, jetzt und später. Wir wollen, dass Vertrauen wächst – in uns und in der Kleinen. Wir haben ein gutes Gefühl dabei, wir sind uns einig und wissen, wie viel wir Silja geben können, wenn wir mit ihr Dinge tun, die wir lieben. Und wir lieben es zu wandern und zu reisen. So brechen wir auf, voller Erwartungen, voller Abenteuer, voller Anfang. Wir haben Glück: Silja sitzt gern in der Kraxe. Die schaukelnde Bewegung beruhigt sie. Sie kennt es auch nicht anders. Aus der Überzeugung heraus, keinen Kinderwagen zu wollen, haben wir sie von Anfang an nur getragen. Im Wickeltuch haben wir

die ersten längeren Spaziergänge unternommen, und auch die erste Wochenendtour in unseren Bergen hat sie im Tuch erlebt. Sein Kind so nah am Körper zu spüren, ist eine wunderbare Erfahrung – und eigentlich ist es ja in vielen Kulturen bis heute ganz normal, die Kleinen am Körper zu tragen. Als wir in Cabo de Gata starten, schläft Silja jedenfalls schon friedlich in ihrer Sänfte.

Grenzenloses Spiel

Bis nach La Almadraba de Monteleva führt der Weg am Strand entlang, in den Salzlagunen stehen rosafarbene Flamingos und das Hinterland wirkt wüstenartig. Den Leuchtturm und die eigentliche Landspitze Cabo de Gata erreichen wir über eine wenig befahrene Straße. Das Cap ist wild, Möwen schreien und die Wellen brechen an scharfen Felsen. Es ist angenehm warm, der Dezember scheint ein idealer Monat zu sein, um diese Region zu entdecken. Hier im Sommer unterwegs zu sein, stelle ich mir unerträglich vor. Silja ist wach geworden und erzählt für uns unverständliche Geschichten. Aber sie ist fröhlich und so gehen wir noch weiter, bis wir den Strand Media Luna erreichen – eine wunderschöne sichelförmige Bucht mit feinem Sand. Wir treffen hier keine Menschenseele.
Silja krabbelt los und ist sofort über und über mit Sand bedeckt. Natürlich muss sie auch probieren, wie der Sand schmeckt. Wir bleiben lange und

genießen das Rauschen der Wellen und das grenzenlose Spiel unserer Tochter. Schon bereue ich, dass wir kein Zelt mitgenommen haben, denn dann könnten wir jetzt einfach in dieser Bucht bleiben. Nur die Tatsache, dass es hier in dieser Wüstenlandschaft ohnehin kein Trinkwasser gibt, kann mich beruhigen, und so brechen wir auf, um noch rechtzeitig San José zu erreichen.

Der Weg führt weiter entlang der wilden Küste, durch kleine Ortschaften und an große Strände. Es ist ruhig, eine Handvoll Mitwanderer und einige »Autowanderer« sind unterwegs und genießen die weiten Blicke aufs Meer und die wüstenartige Landschaft. Nach einem feinen Essen und einer ruhigen Nacht in Isleta del Moro erreichen wir die Strände von El Playazo und Las Negras. Sie sind weiß und leer, Palmen stehen auch noch am Strand – eine traumhafte Kulisse.

Silja macht sich gut in ihrer Kraxe, sie schläft viel, lässt sich sanft schaukeln und findet am Strand dann doch genug Möglichkeiten, selbst auf Entdeckungsreise zu gehen. Mein Stativ ist ihr dabei ein wichtiger Helfer, Silja zieht sich an den Beinen des Stativs hoch, und läuft dann immer im Kreis herum. Sie lacht und ist sichtbar stolz, ihrem jungen Leben so eine neue Perspektive zu geben – stehend sieht man einfach mehr. Susanne geht es auch gut mit dem Tragen der Kraxe, immerhin hat sie etwa zwölf Kilo auf dem Rücken. Bei mir ist es etwas mehr, die Klamotten

für uns drei, die Fotoausrüstung, die Tagesverpflegung und natürlich die Windeln für acht Tage.

Schlüssel zum Horizont

Nach Las Negras wird der Weg etwas anspruchsvoller, steiler und zum Teil sogar etwas ausgesetzt. Wir wollen nach San Pedro, zu der alten Burg, die mit ihrem Baustil in dieser Landschaft sehr an die Zeit der Mauren erinnert. Überhaupt fühlen wir uns auf dieser Wanderung eher wie im Norden Afrikas. Marokko ist ja auch wirklich nicht mehr weit. In San Pedro leben einige Aussteiger – die stille zauberhafte Bucht dort ist wirklich ein fantastischer Ort. Der Aufstieg auf das Plateau Rellana de San Pedro ist steil und schweißtreibend, Silja sitzt im Schatten des Sonnenschirms und döst. Oben vom Plateau bietet sich ein grandioser Blick auf Küste und Meer. Am Abend, es beginnt schon zu dämmern, erreichen wir Agua Amarga, das Ziel unserer Wanderung am Cabo de Gata. Die Lichter sind einladend, kleine Fischerboote liegen am Strand und es duftet aus der einen oder anderen Küche. Wir finden kein einfaches Zimmer, und da es schon spät ist, gönnen wir uns heute ein richtig gutes Hotel.

Susanne geht noch schnell einkaufen, Soulfood für ein Candlelight-Dinner auf dem Balkon unseres Zimmers mit Oliven, Serrano, Weißbrot, Vino Tinto. Als Begleitmusik das Rauschen der Wellen. Wir sind zufrieden und haben das sichere Gefühl, eine Basis

geschaffen zu haben für weitere Abenteuer mit der kleinen Silja. Wir haben auf dieser Wanderung sicher noch nicht alle Fragen beantworten können, doch es ist viel Vertrauen entstanden in uns und in die kleine Maus. Es ist ein wunderbares Gefühl, als Familie alles schaffen zu können – ich spüre, dass Zeit der Schlüssel zu allen Räumen und Horizonten ist, die wir noch entdecken wollen.

Das Cap ist wild, Möwen schreien und die Wellen brechen sich an scharfen Felsen. Es ist angenehm warm, der Dezember ist ein idealer Monat, um diese Region zu entdecken.

Am Abend erreichen wir Agua Amarga, das Ziel unserer Wanderung am Cabo de Gata. Einladende Lichter, kleine Fischerboote am Strand. Es duftet aus der einen oder anderen Küche.

Wir sind zufrieden und haben das sichere Gefühl, eine Basis geschaffen zu haben für weitere Abenteuer mit Silja. Es ist viel Vertrauen entstanden in uns und in die kleine Maus.

2 | **Ein Sommer zwischen den Meeren**

Durch die spanischen Pyrenäen von Küste zu Küste

Die Pyrenäen zu durchqueren, war ein großer Traum von mir. Ich habe mich mit Familie und Esel durch die wilden und einsamen Berge Frankreichs und Spaniens zwischen Mittelmeer und Atlantik ziehen sehen. Mit dem Esel ist es nichts geworden, zumindest nicht in den Pyrenäen, aber mit Susanne und Silja stehe ich jetzt in Banyuls-sur-Mer. Vier Monate wollen wir unterwegs sein, haben zuhause mit Kindertrage und neuen Wanderstiefeln trainiert und viel gesprochen auf unseren Spaziergängen im Tal der Jaudenmühle. Wir haben überlegt und abgewogen, hineingespürt und verworfen, uns Ideen eingeredet und ausgeredet. Und schließlich haben wir uns entschieden für unser Abenteuer, für einen Sommer zwischen den Meeren.

Normalerweise ist eine Durchquerung der Pyrenäen in vier bis fünf Wochen möglich, doch da wir mit Silja im Gepäck nur kurze Etappen schaffen können, haben wir uns vier Monate Zeit genommen. Zeit ist der Schlüssel für jede Reise, für jedes Abenteuer, für jedes Erleben. Silja ist 16 Monate alt, als wir aufbrechen. Sie kann laufen, sitzt sicher in der Kraxe, quatscht schon ein bisschen, aber sie ist natürlich noch nicht sauber. Das heißt, wir haben ein Problem, ein Windelproblem! Waschwindeln oder Wegwerfwindeln? Werden wir immer genug Wasser haben? Trocknen die Windeln über Nacht oder tagsüber am Rucksack? Was ist, wenn es oft regnet? Da trocknet gar nichts. Gibt es in jedem Dorf Windeln zu kaufen, wenn wir uns für die zweite Variante entscheiden? Fragen über Fragen und keiner hat wirklich eine verlässliche Antwort.

Was man tragen kann auf kleinen Fluchten

Alle meine Rucksäcke sind zu klein für diese Unternehmung, immerhin muss diesmal die Kleidung und Ausrüstung von drei Personen darin Platz finden. Auch warme Bekleidung, denn im Juni liegt unter Umständen noch Schnee in den Bergen, und selbst im Sommer kann es empfindlich kalt werden. Also muss ein neuer Rucksack her, am besten selbsttragend mit 150 Liter Volumen. Es wird ein norwegischer Rucksack mit 120 Litern, aber tragen muss ich ihn dann doch wieder selbst.

Neben einer neuen Kindertrage mit Sonnen- und Regendach sowie Steigbügeln werden wir von unserem norwegischen Sponsor noch mit Schlafsäcken und Bekleidung ausgestattet – eine große Hilfe für unser Projekt, denn gute Ausrüstung für draußen ist teuer.

Nach den ersten Packversuchen wiegt mein Rucksack satte 35 Kilo, das ist unmöglich, nicht zu machen. Ich habe schon eine Menge Rucksacktouren unternommen und bilde mir ein, erfahren zu sein in der Auswahl der wirklich wichtigen Dinge, die in einen Rucksack gehören. Doch für drei Personen zu packen, ist eine ganz andere Herausforderung. Susanne soll Silja in der Kraxe tragen, sie kann vielleicht noch etwas Bekleidung und Kleinkram unterkriegen, aber allein mit Silja im Gepäck wiegt ihre Kraxe auch schon 16 bis 18 Kilogramm. Neben der Bekleidung brauchen wir noch Schlafsäcke, Isoliermatten, Zelt und Kocher, Stirnlampen und Taschenmesser – und dann ist da noch die Kameraausrüstung!

Wir wollen autark sein und ungebunden, wir wollen keine Hütte erreichen müssen, denn damit beginnt der Stress auf solchen Wanderungen. Außerdem glauben wir, dass Silja sich im Zelt wohler fühlt, so hat sie immer die gleiche Umgebung und kann eine Beziehung aufbauen zu einem Nomadenleben auf Zeit. Schließlich kann ich das Gewicht auf 32 Kilo reduzieren, dafür habe ich jetzt für vier Monate auch nur noch ein Wollhemd dabei und die Fotoausrüstung ist auch geschrumpft. Was tut man nicht alles für seine kleinen Fluchten!

Wir brechen auf. Es geht mit dem Taxi nach Murnau und dann mit dem Zug über Strasbourg nach Banyuls-sur-Mer. Zuhause bleiben zweifelnde Verwandte und begeisterte Freunde. Die erste Nacht verbringen wir in einem kleinen Hotel in Banyuls, es sind nur zwei Minuten bis ans Meer und Silja ist begeistert. Bei Café au lait sitzen wir an der Promenade und bekommen die letzten Zweifel. Ist es doch zu anstrengend für die kleine Silja, wollen wir uns etwas beweisen, oder wird es für uns zu anstrengend sein? Susanne ist unruhig, und noch einmal werden Fragen gestellt, die wir schon längst beantwortet hatten. Aber es ist gut so, wir spüren, wie sehr uns diese Reise schon jetzt bewegt.

Über die Berge fliegen

»Mir wird ganz schwarz vor Augen«, sagt Susanne und setzt hektisch die Kraxe ab. Dann legt sie sich in den Schatten eines Baumes. Wir sind gerade mal einen Kilometer auf unserem Weg, als Susanne die Kräfte verlassen. Soll unsere Wanderung noch in Sichtweite Banyuls zu Ende sein? Doch dieser Zwischenfall sollte der erste und der letzte sein, im Verlauf der nächsten 600 Kilometer wächst Susanne über sich hinaus und fliegt förmlich über die Berge. Die ersten Tage sind mühsam, die Rucksäcke schwer und die Beine ebenso, doch langsam beginnt die

Energie zu fließen, und nach der ersten Woche auf unserem Weg sind wir wirklich angekommen. Ich spüre förmlich, wie meine Muskeln wachsen und die Schritte leichter werden.

Die Landschaft ist noch nicht sonderlich alpin, eher gleichen die Berge hier denen eines Mittelgebirges. Wir laufen durch Wald und dichte Macchia. Der Weg ist teilweise schlecht oder auch gar nicht markiert und manche Wegstrecke zugewuchert. Anscheinend sind in dieser Saison noch nicht viele Wanderer am Mittelmeer gestartet. Am Abend finden wir immer einen Platz für unser rotes Zelt. Sobald das Zelt steht, mache ich mich auf die Suche nach Wasser, soweit wir nicht ohnehin an einem Bach lagern. Nach elf Tagen erreichen wir La Jonquerra, die erste Station, um wieder Lebensmittel einzukaufen. Unsere Windeltaktik mit waschbaren Wollwindeln erweist sich aufgrund der teils schwierigen Wasserbeschaffung als nicht umsetzbar. Wir kaufen Wegwerfwindeln in La Jonquerra und schicken im Gegenzug das erste Paket nach Hause. Windeln, Daunenweste und lange Unterhose müssen die vorzeitige Heimreise antreten, doch mein Rucksack wir dadurch nicht leichter, 45 spanische supersaugfähige Windeln wollen nun über die Berge der Pyrenäen getragen werden.

Wir finden immer besser in unseren Rhythmus. Wir schlafen so bis 9 Uhr, richten das Frühstück und kuscheln zwischendurch die kleine Silja wach. Dann ziehen Susanne und die Kleine los, um die Welt rund

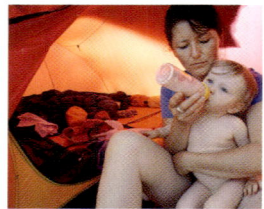

um unser rotes Zelt herum zu entdecken. Ich beginne mit dem Abbau des Lagers und der Zeremonie des Einpackens. Um alles in Rucksack und Kraxe zu verstauen, benötige ich mittlerweile eine Stunde. Sobald ich fertig bin, gibt es für Silja noch einen »Losgeh-Apfel«, der Rucksack wird aufgeladen und dann bekommt Susanne ihre wertvolle Fracht auf den Rücken. Scheint die Sonne, läuft Susanne nur mit einem Wanderstock, in der anderen Hand hält sie einen spezialbeschichteten Regenschirm, der Silja zuverlässig vor UV-Strahlung und übermäßiger Sonne schützt.

Nach etwa zwei Stunden, in denen Silja meistens schläft, machen wir eine ausgiebige Pause. Das Problem an diesen Pausen ist nur, dass Silja dann natürlich topfit ist, und so entscheidet immer mal das »Streichholz«, wer nun Pausenaufsicht hat und wer sich in die Sonne legen kann. Nach der Pause laufen wir dann nochmals um die zwei Stunden, so schaffen wir am Tag bis zu zwölf Kilometer und kommen unserem Ziel, dem Atlantik, immer näher.

Bei verdrehten Wassern

»Andorra« heißt das Zauberwort – und es bietet zugleich Ernüchterung. Oben fantastische Berglandschaften, unten im Tal tobt der Konsum. Es ist heiß, als wir Encamp erreichen. Ich bin irritiert, eben noch in der Stille der Berge und nun überrollt uns diese

Stadt. »Was machen wir hier eigentlich?«, fragt Susanne ohne jeden Vorwurf. Trotzdem reagiere ich gereizt. Erst als wir den Campingplatz mitten in der Stadt finden und unser rotes Zelt steht, kann ich mich beruhigen. Wir müssen hier Station machen, die ersten 30 Filme sind belichtet und ich möchte sie zurück nach Deutschland schicken, außerdem brauchen wir Lebensmittel und eine Gaskartusche für den Kocher. Auf dem Campingplatz kommen wir mit einer spanischen Familie ins Gespräch, sie waren auf Tagestouren und raten uns dringend von der für morgen geplanten Etappe ab – zu viel Schnee und einige Passagen sehr steil und ausgesetzt. Dankbar für diese Informationen ändern wir unsere Planung und fahren mit dem Bus nach Espot, am Rande des Aigues-Tortes-Nationalparks. Ein kleiner sympathischer Ort und ein wunderbarer Campingplatz mit Swimmingpool erwarten uns. Silja ist natürlich begeistert.

Wir kaufen ein für die nächsten acht Tage und starten am nächsten Morgen zu einer der schönsten Abschnitte unserer Reise durch die Pyrenäen. Aigues Tortes heißt so viel wie »verdrehte Wasser« und davon gibt es hier eine Menge. Überall plätschert es, klares Wasser läuft in kleinen Bächen, zum Trinken muss man sich nur bücken und dieses Wasser schmeckt einfach köstlich. Gämsen sind zu sehen und Greifvögel ziehen ihre Kreise über der grandiosen Landschaft. Der Weg ist sehr anstrengend. Hier

geht es 500 Meter hinauf, dort 700 Meter hinunter. Doch die Lust auf den nächsten Ausblick treibt uns weiter, und Silja sitzt immer noch entspannt in ihrer »Sänfte«. Kurz hinter der Nationalparkgrenze schlagen wir unser Zelt auf, direkt an einem See mit kristallklarem Wasser und mit einer Spielwiese »vor dem Haus«. Silja spielt schon seit einer Stunde mit meinem Stativ, so haben Susanne und ich Zeit, über die Erlebnisse des Tages zu sprechen. Nachdem wir Aneto und Maladeta passiert haben, erreichen wir genau am achten Tag und am Ende unserer Vorräte Benasque, einen der wichtigsten Bergsteigerorte in den Pyrenäen. Wir bleiben für zwei Nächte, erholen uns, gehen Essen und nehmen die Atmosphäre des Orts in uns auf. In einem Bergsteigerladen kaufe ich mir genau so eine Daunenweste, wie ich sie vor drei Wochen nach Hause geschickt habe. Morgens und Abends ist es einfach noch zu kalt. Das Ankommen in den Dörfern und Städten ist für uns schwierig. Natürlich freuen wir uns auch mal auf eine warme Dusche oder ein richtiges Bett, doch die Umstellung von der Einsamkeit in den Bergen auf das hektische Treiben der Orte fällt uns schwer. Wir sind immer froh, wenn wir wieder aufbrechen können.

Leben unter Geiern

Durch die Picos de Posets ziehen wir weiter nach Bielsa. Die Posets sind wild und noch etwas einsa-

mer. Geier ziehen ihre Kreise, an einem Abend zählen wir 60 Vögel, die gemeinsam zu ihrem Schlaffelsen fliegen. »Ob da einer Silja schnappen könnte?«, fragt Susanne. Ich verneine, bin mir allerdings nicht so ganz sicher. Wenige Tage später sehe ich, wie ein Geier mit seiner Beute, einem ausgewachsenen Murmeltier, davon fliegt. Jetzt achte ich noch genauer auf Silja, wenn Geier über uns kreisen.

Von Bielsa aus nehmen wir nochmals den Bus. Der Anisclo-Pass am Rande des Ordesa-Nationalparks hat ebenfalls noch zu viel Schnee und ist ohnehin nicht ganz ungefährlich. Auf diese Weise erreichen wir sehr entspannt Torla, Ausgangspunkt für die meisten Aktivitäten im berühmten Ordesa-Nationalpark mit seinem grandiosen Canyon des Rio Arazas und dem 3355 Meter hohen Monte Perdido. Wir verbringen fünf Tage in dieser Welt der reißenden Flüsse und steilen Wände. Ginster blüht und oben am Rand des Canyons öffnet sich der Blick in die Weite und ebenso in die schwindelerregende Tiefe. Es ist, als würde man einen Blick in die Zeit werfen, in der das alles hier entstand.

Wenige Tage später queren wir bei Candanchú zum ersten Mal den Jakobsweg, den Camino arragonés. Später bei Roncesvalles werden wir den Navarrischen Weg kreuzen, und es entsteht die Idee, doch einmal diesen Camino de Santiago de Compostela zu erleben. Auf der einen Seite stört mich die massive Vermarktung, auf der anderen Seite muss dieser

Weg eine besondere Energie und Faszination haben.
Wer weiß, vielleicht ergibt sich eines Tages die Gelegenheit dazu.

Es wird immer heißer und die Gewitter am Nachmittag werden immer heftiger. Bisher hatten wir Glück
und konnten rechtzeitig einen sicheren Platz für das
Zelt finden. Die ersten Gewitter waren für Silja sehr
aufregend, sie hat geweint und ist dann vor lauter
Unbehagen einfach eingeschlafen – ein Phänomen.
Doch die Abende bei Regen im Zelt sind sehr gemütlich. Für Silja hat das Zelt Stehhöhe und sie kann
sich richtig bewegen, sie turnt, springt und hüpft.
Zum »Runterfahren« haben wir drei »Leichtgewichts-
bücher« dabei, die Susanne ihr mit größter Geduld
immer wieder vorliest. In dieser Zeit bereite ich das
Abendessen zu. Je nachdem, woher das Wasser
stammt, muss ich es noch filtern. Dazu haben wir
einen kleinen Wasserfilter dabei. Sobald sich Schafe
oder Kühe in der Nähe der Wasserstelle aufhalten,
muss man das Wasser filtern – für Silja koche ich
es außerdem immer noch ab. Mit dem aufbereite-
ten Wasser beginnt die Kochzeremonie. Die Gerich-
te sind natürlich nicht anspruchsvoll, denn leider
müssen wir sehr auf das Gewicht achten. Also gibt
es meistens Spaghetti mit unterschiedlichen Soßen.
Besonders beliebt ist vorneweg eine Brühe mit Sternchennudeln – Siljas Leibspeise! Meistens sitzt sie
dann auf meinem Schoß und kann es kaum erwarten,
bis es endlich losgeht.

Wichtige Bilder finden mich

Sobald die Kleine schläft und wenn der Abend trocken ist, setzen wir uns noch vor das Zelt, schreiben
Tagebuch oder putzen Kameras, unterhalten uns oder
staunen über Mond und Sterne. Diese Reise ist ein
unmittelbares Erlebnis, die störenden Einflüsse sind
auf ein Minimum reduziert. Der Geist ist frei, und
das unglaubliche Schwitzen am ersten Berg reinigt
den Körper. Susanne ist voller Kraft, sie ist eine
Seele voller Geduld und Liebe, ich bin fasziniert von
ihrem sicheren Gang über wilde Steine und schnel-
les Wasser. Unsere Gesichter verändern sich, werden Spiegel dieser Zeit in den Pyrenäen. Ich möchte
das alles mit der Kamera festhalten, beschreiben –
und stanze oft etwas erschöpft Rechtecke aus der
Landschaft. Aber die wichtigen Bilder finden mich.
Die Landschaft verändert sich nun immer stärker,
der alpin anmutende, zentrale Teil der Pyrenäen
verwandelt sich hier, weiter im Westen, in eine
geschwungene und sanftere Topographie. Grüne
Täler und Berge in zahlreichen Farbnuancen, gelb
schimmernd oder rot leuchtend.
Durch die dichten Wälder Iratis, die voller wohltu-
endem Schatten und Wasser sind, steigt der Weg
zwischen Auritz und Elizondo nochmals in die Höhe.
Der Blick wird frei. Als schwache Linie am Horizont
erkennen wir nach 90 Tagen den Atlantik. Aber ich
freue mich nicht, ich habe Angst vor dem Ankommen,
vor dem Augenblick, an dem plötzlich alles hinter uns

liegt. Mit diesem ersten Blick aufs Meer verändert sich auch unsere Einstellung zum Weiterlaufen. Die Energie ist nicht mehr so stark und spürbar, auch Susanne möchte eigentlich nicht ankommen, möchte die Berge nicht verlassen. Unten an der Küste erwartet uns das Meer, aber auch die Stadt, viele Menschen – und das Ende unserer Dreisamkeit. Wir entscheiden uns, von Elizondo aus den Bus zu nehmen, wollen lieber »unerkannt« das Ziel unserer Reise erreichen.

Das Wasser ist warm, Silja hat größten Spaß im flachen Wasser der Strände von Hondarribia. Sie hat keine Scheu und stürzt auch ab und zu in das salzige Nass. In einem Strandladen haben wir Eimer und Schaufel gekauft und nun gräbt Silja den ganzen Strand um. Sie ist beschäftigt – und wir haben Zeit, die Seele ankommen zu lassen.

Wollten wir uns oder anderen etwas beweisen? War es zu anstrengend für die kleine Silja? War es diese Ahnung, diese Hoffnung auf Wildnis, die uns losgehen ließ? Am Ende war es ein Sommer zwischen den Meeren. Unser Weg war ohne Ziel, voller Erwartungen, voller Abenteuer, voller Anfang. Das »Warum« ist eigentlich ganz einfach, ganz klar: es ist die Begeisterung, eine Weile auf diesem Weg zu leben, losgelöst und alles präsent vor Augen und im Kopf. Wir wollten die Verantwortung und Energie spüren, die uns drei verbindet, die uns fliegen lässt über den nächsten Berg, das Gefühl, als Familie

alles schaffen zu können. Und das alles trotz Zweifel, trotz Erschöpfung an heißen Tagen, trotz Schmerzen im rechten Fuß. Es waren drei Monate auf einem Weg, der uns verändert hat, mehr als wir in diesem Moment am Strand von Hondarribia spüren können. Und wir wissen es: Diese Reise ist nicht zu Ende, sie hat erst begonnen.

Es wird immer heißer und die Gewitter am Nachmittag werden immer heftiger. Bisher hatten wir Glück und konnten stets rechtzeitig einen sicheren Platz für das Zelt finden.

Geier ziehen ihre Kreise. An einem Abend zählen wir 60 Vögel, die gemeinsam
zu ihrem Schlaffelsen fliegen. »Ob einer von ihnen Silja schnappen könnte?«, fragt
Susanne. Ich verneine. Ganz sicher bin ich mir allerdings nicht…

Ginster blüht und oben am Rand des Canyons öffnet sich der Blick. In die Weite
und in die schwindelerregende Tiefe. Es ist wie ein Blick in die Zeit, als das alles
hier entstand.

3 | **Wolfswege**

Winter in der Basilicata – mit Pulka und Schneeschuhen

am Monte Pollino

Ich war schon einmal hier. Auch im Winter. Schon immer faszinierte mich dieses Land ganz im Süden Italiens. Wild und unbekannt, einsam und weit. Im Winter begegnet man hier nur wenigen Menschen. Dafür heulen nachts die Wölfe – und mit viel Glück kann man ihn auch sehen, den Wolf, den Inbegriff der Wildnis am Rande Europas. Bei meiner ersten Reise zum Monte Pollino, dem Herzstück des großen Nationalparks, war ich mit zwei Freunden unterwegs, der Schnee lag hoch und es war bitterkalt. Ein verwirrendes Bild, hier so weit im Süden mit einem »Nordischen Winter« konfrontiert zu sein. Jetzt, für unsere »Familienreise«, war ich optimal vorbereitet und konnte die Risiken einer solchen Wintertour mit Kind sehr gut einschätzen.

Es ist März. Wir stehen am Marktplatz von Terranova di Pollino, dem Ausgangspunkt unserer Wanderung auf die Ebenen des Monte Pollino. Bevor wir aufbrechen, wollen wir erst einmal ein, zwei Tage ankommen. Wir suchen uns ein Agriturismo und werden in Casa del Conte fündig. »La Garavina« heißt der kleine Biohof. Isabella, die 20-jährige Tochter des Hauses, begrüßt uns sehr herzlich, und auch ihr Vater Rocco Tufaro ist eine Seele von Mensch. Wir beziehen unser Zimmer und genießen den Blick vom Balkon auf die Berge. Die Grande Porta del Pollino ist zu sehen und auch der Schnee. Noch verborgen liegt der Monte Pollino, höchster Berg dieser Region mit immerhin 2248 Meter Höhe.

Isabella erobert auch Siljas Herz im Sturm. Ihre roten Haare faszinieren die kleine Silja und vor allem ihre offene, herzliche Art. Es sind keine weiteren Gäste auf dem Hof und so setzt sich die ganze Familie Tufaro zum Essen mit uns an den Tisch, wir fühlen uns wie zuhause. Isabella serviert Nudeln mit Wildschwein und dazu Wein aus der Gegend. Susanne spricht recht gut Italienisch und übersetzt mir die eine oder andere Passage, und so entwickelt sich eine angeregte Unterhaltung. Auch die Großeltern sind gekommen und der Bruder von Isabella. Schon vor dem Essen hörten wir ihn auf seinem Akkordeon spielen. Es werden Geschichten erzählt und Informationen ausgetauscht und schließlich verabreden wir, dass morgen Susanne für alle kochen soll – ein

Rezept ihrer Wahl. In einem Reiseführer hatte ich gelesen, dass es in Terranova einen Musiker gibt, der traditionelle Musik auf dem Dudelsack macht – interessanterweise ist dieses Instrument hier weit verbreitet.

Als ich Isabella darauf anspreche, kann ich ihre Antwort kaum glauben. Besagter Musiker heißt Pino Salomone und ist ein guter Freund des Hauses. Und schon hat sie ihn am Telefon! »Morgen kommt er mit seinem Freund Domenico, und dann wird Musik gemacht in Garavina«, berichtet Isabella stolz nach dem Telefonat.

Bayerisch-italienisch kochen und feiern

Susanne steht schon seit Stunden in der Küche und ist etwas am Rotieren. Lange hat sie überlegt, was sie unseren Gastgebern Feines kochen könnte, bayerisch war eigentlich klar, doch mit rein italienischen Zutaten ist das gar nicht so einfach. Ich kümmere mich um Silja, die doch nicht die große Küchenhilfe ist, sondern lieber mit den Hunden von Garavina spielt. Der Hof liegt wunderbar an einem Hang, der Blick reicht weit und unterhalb verengt sich die Schlucht, die Gole della Garavina. Vereinzelt stehen weitere Höfe in der Landschaft, alt und teilweise in schlechtem Zustand. Trotzdem strahlen sie großen Charme aus. Ein Schäfer zieht über die Hänge, mit eigenartigen Rufen dirigiert er Hund und Schafe. Sie gehorchen ihm. Die Gesichter der Menschen

sind gezeichnet von einem harten Leben hier in den
Bergen der Basilicata. Auch das Gesicht von Pino ist
markant und ausdrucksstark und Domenico wirkt
gar nicht wie ein Süditaliener. Die beiden sitzen mit
am Tisch, als Susanne ihr »bayerisch-italienisches«
Gericht serviert – natürlich sind alle begeistert und
Susanne ist sehr erleichtert.

Die Stimmung könnte besser nicht sein, Domenico
erzählt eine Schote nach der anderen. Ich verstehe
natürlich nicht alles, muss aber trotzdem herzhaft
mitlachen. An diesem Abend schwöre ich mir, Italienisch zu lernen.

Nach dem Essen werden die Instrumente hervorge-
holt und als Pino unvermittelt den Dudelsack zum
Klingen bringt, weint Silja furchtbar. Die Lautstärke
dieses Instruments ist enorm. Einer nach dem anderen gesellt sich zu Pinos Dudelsack, Rocco mit seiner
Flöte, Domenico und Isabellas Bruder mit dem Akkordeon. Die Musik ist ergreifend, so echt, erdig und klar.
Silja hat sich schnell beruhigt und hört nun auch ge-
bannt zu. In dieser Musik liegt so viel Leben.

Ich bin in diesem Moment einfach nur dankbar und
versuche die Szene irgendwie in Bildern festzuhalten:
den Spaß an der Musik, das Leuchten in ihren Augen.
Silja schlummert irgendwann auf einer Bank ein und
Susanne tanzt, lacht und ist glücklich über diesen
Abend, ihr gelungenes Essen und vor allem über
diese besondere Begegnung mit Isabellas Familie
und ihren Freunden.

Aus dem Nebel ins Licht

Der Wald ist dicht, die Bäume stehen wie Schatten
im Nebel, der die Hänge überzieht. Ab und zu verliert
sich die Schneedecke und wir laufen mit unseren
Schneeschuhen über frostiges Laub und harte Erde.
Es ist still in diesem Wald, fast schon unheimlich.
Ein Eichelhäher durchbricht die Stille, sein Schrei
schallt laut und klar durch die kalte Luft. Wir steigen
weiter, der Schnee wird höher und seine Oberfläche
ist verharscht, es knirscht bei jedem Schritt. Aber
die Pulka läuft gut auf diesem Untergrund und ihre
Ladung von etwa 40 Kilogramm ist am Rucksack
kaum zu spüren.

Susanne trägt Silja in der Kraxe. Wir passen gut auf,
damit die Kleine nicht auskühlt und sich Erfrierungen
holt. Wir haben vorgesorgt und Silja sehr warm eingepackt. Sie trägt Wollunterwäsche, darüber einen
Fleeceanzug und schließlich noch eine Kombination
aus Fleece und wasserfester Aussenhülle. An den
Füßen hat sie zwei Paar Socken und Winterstiefel
mit Innenschuhen und Alueinlagen. Und dennoch ist
Bewegung bei Temperaturen von um die Null Grad
das beste Mittel, um warm zu bleiben. So machen
wir jede Stunde eine Pause, in der Silja dann so
richtig Gas gibt. »Papa, ich will Schnee essen«, heißt
es dann und wir können es kaum verhindern, dass
die Kleine herzhaft in die weiße Pracht beißt.

Wir finden eine kleine Lichtung und errichten unser
Lager, im Winter ist es eigentlich einfach, ein gutes

Camp einzurichten. Der Boden wird mit den Schneeschuhen eingeebnet, die Schneeheringe finden guten Halt und Wasser liegt rings um das Zelt, denn mit einem leistungsstarken Kocher ist der Schnee schnell geschmolzen. Dank Pulka können wir einige Dinge dabeihaben, auf die wir bei einer Rucksacktour hätten verzichten müssen. So haben wir sogar eine kuschelige Fleecedecke für unseren Zeltboden dabei. Die Schlafmatten isolieren ausgezeichnet und die Schlafsäcke spenden wohlige Wärme. Die Nacht ist ruhig, kein Wind und keine Geräusche. Wir spitzen die Ohren, ob wir vielleicht Wölfe zu hören bekommen. In diesen wilden und teilweise sehr unberührten Bergen leben nämlich immer noch Wölfe. Doch heute Nacht ist es ganz ruhig.

Die Sonne lockt uns aus dem Zelt, der Kontrast könnte stärker nicht sein, weißer Schnee und dunkelblauer Winterhimmel. So weit im Süden hat die Sonne schon jetzt im März Kraft. Wir haben immer noch keine Sicht auf die hohen Berge, die ganz in der Nähe sein müssen. Der Wald ist noch zu dicht, und so ziehen wir weiter, ohne rechte Orientierung, immer bergauf.

Noch bevor der Wald sich lichtet, ziehen Nebelschwaden durch die Bäume – verdunsteter Schnee. Es wird kalt und Wind kommt auf. Wir schlagen unser Lager heute früh auf, um uns in den Windschutz des Zeltes zurückziehen zu können. In der Nacht fällt die Temperatur auf minus 15 Grad.

Eisblumen bedecken am Morgen das Innenzelt, Eiskristalle rieseln uns ins Gesicht. Silja hat großen Spaß mit dieser morgendlichen Überraschung. »Mama, schau mal her, wie ich Eisblumen schlecke!« Doch Susanne ist noch müde und dreht sich noch einmal auf die Seite. Ich schmelze schon mal den Schnee für das Frühstück und den ersten Kaffee.

Gestalten aus einer anderen Welt und Zeit

Der Luftdruck ist über Nacht gestiegen, aber noch immer liegt alles in dichten Nebel gehüllt und die Konturen verlieren sich – nur die Rufe der Raben sind klar zu vernehmen. Sie sehen mehr als wir, fliegen über dem Nebel, über den Wolken, sehen die Berge, auf deren Anblick wir voller Spannung warten, sie sehen Schneefelder, unberührt. Wir müssen uns noch gedulden, der Nebel gibt den Blick nicht frei, hütet dieses Bild wie einen kostbaren Schatz. Doch auf einmal fliehen die Wolken, lösen sich von Bäumen und Felsen. Es ist, als würde sich ein Tor öffnen. Wir betreten einen Raum, weit und zauberhaft, wir atmen Landschaft mit jedem hohen Meter. Und dann stehen wir an der Grande Porta del Pollino – der Ausblick raubt uns den Atem. Die Ebene scheint endlos und der Monte Pollino wirkt wie der höchste Berg der Welt. Drüben auf der Serra di Crispo stehen sie wie Gestalten aus einer anderen Welt und Zeit: die »Pino Loricatos«, Panzerkiefern, die es nur hier gibt. Sie sind alt und mächtig, Nebel und Kälte haben ihnen einen dicken Eispanzer angelegt. Ihre jahrhundertealten Stämme und Äste haben die Kraft, diese Last zu tragen. Zwischen diesen Riesen finden wir einen traumhaften Platz für unser rotes Zelt, der Blick geht über die weite Ebene hinüber zum Monte Pollino, dem König dieser Landschaft.

Wolfsspuren im Schnee

In der Nacht frischt der Wind auf, die Zelthaut beginnt zu flattern und die Kiefern pfeifen. Der Wind zischt durch Äste und Stämme, durch jede Öffnung. Das Zelt steht ausgesetzt, die Aussicht war einfach zu verlockend. Jetzt habe ich Zweifel, ob das so eine gute Entscheidung war. Bis zum Morgen hat sich der Wind zu einem Sturm entwickelt, ich lege Steine rund um das Zelt und beschwere die Heringe, ich kann mich kaum auf den Beinen halten, wenn eine Böe mich trifft. Als Silja aus dem Zelt kommt, wird sie einfach umgeblasen, nur im Windschatten einer mächtigen Kiefer kann sie sich halten.

Ich traue meinen Augen nicht: »Susanne, komm schnell, Wolfsspuren!« In direkter Nähe des Zeltes sind deutlich Spuren eines Wolfes zu sehen. »Papa, ich hab Angst!«, sagt Silja voller Sorge. Warum eigentlich? Sie hat ja noch keine schlechten Erfahrungen mit Wölfen gemacht hat, aber offenbar hat sie schon das Bild vom bösen Wolf aus den Märchen vor Augen. Es ist nicht leicht, Angst in Respekt vor

dem wilden Tier zu verwandeln, und Silja zugleich für dieses faszinierende Geschöpf zu begeistern. Wir ziehen uns zurück ins Zelt, der Sturm ist anstrengend und Silja hat wirklich keinen Spaß hier draußen. Wir kochen Nudeln mit Soße und hinterher gibt es Tee. Silja beginnt im Zelt zu turnen, um irgendwie ihre Energie loszuwerden. Dann lesen wir ihr vor und schlafen eine Runde, bevor wir wieder etwas kochen. Das ist so der Ablauf für die nächsten drei Tage, denn so lange stürmt der Wind aus Westen und rüttelt so heftig an unserem Zelt, dass an Aufbruch gar nicht zu denken ist. Die Stimmung bleibt gut, was nicht selbstverständlich ist, wenn man so lange auf so engem Raum zusammen hockt. Silja macht das wirklich super, ich bin sehr stolz auf sie. Sie bewahrt ihre Begeisterung, im Zelt zu leben, selbst nach drei Tagen Dauersturm.

Wie auf Knopfdruck ist es still, der Sturm hat sich verabschiedet. Wir treten noch etwas misstrauisch vor das Zelt. Hat sich der Wind wirklich gelegt oder ist es nur die Ruhe vor dem nächsten Sturm? Es bleibt ruhig und wir wollen eine Wanderung unternehmen. Wir wollen ihn sehen, den Wolf, auch wenn wir wissen, dass die Chancen dafür eher schlecht stehen. Silja packt ihre Puppe in meinen Daypack, schnappt sich die eingefahrenen Teleskopstöcke und stapft los, wild entschlossen und nicht aufzuhalten. Erst als sie immer wieder im tiefen Schnee versinkt, erklärt sie sich bereit, in die Kraxe zu steigen.

Der große Wolf

Immer wieder kreuzen wir Wolfsspuren. In dem leicht angetauten Schnee sind die Abdrücke der Pfoten deutlich zu erkennen. Unsere Blicke streifen über Felsen und Hänge, Bäume und Senken, jede ungewöhnliche Form untersuche ich mit dem Fernglas. Wir können nichts entdecken und sind dennoch nicht enttäuscht. Allein die Vorstellung, dass hier Wölfe leben, dass sie ganz nah an unserem Zelt waren und uns vielleicht in diesem Moment beobachten, ist grandios und ein ganz großes Erlebnis. Wir stapfen weiter über die Ebene, es ist bewölkt, das Licht gleißend, Horizonte verlieren sich und der Gipfel des Monte Pollino ist verhüllt. »Ein Wolf!« Susanne zupft mich energisch am Arm. Drüben an der Flanke des Pollino zwischen zwei kleinen Wäldern bewegt sich etwas schnell und sicher. Ich ziehe vorsichtig das Fernglas aus der Tasche, der Klettverschluss ist unerträglich laut. Ich habe vor Aufregung Mühe, scharf zu stellen, geschweige denn, dieses Tier überhaupt mit dem Fernglas zu finden. Und dann habe ich ihn vor Augen: einen großen Wolf. Leichtfüßig zieht er seine Spur durch den Schnee. Er schaut sich um, doch wir sind zu weit entfernt und anscheinend steht der Wind auch günstig, er bemerkt uns nicht. Er ist entspannt und wir dürfen ihn betrachten. Mein Herz schlägt heftig und ich gebe Susanne das Fernglas. »Er ist wunderschön!«, flüstert sie mir zu.

Silja sieht ihn nicht, denn sie ist eingeschlafen. Ihr Kopf liegt auf ihrem Kuschelkissen, ihr Atem geht ruhig. Wahrscheinlich träumt sie von Wölfen, von großen Gestalten, die aussehen wie knorrige Bäume, und von kleinen Kobolden, die drei Tage an unserem Zelt wie wild gerüttelt haben. Wir wecken sie nicht. Ich denke an Isabella und an Pino in Garavina, an seine Geschichten von den Bergen, seinen Bergen, von den Bäumen, den Wölfen, und ich denke an seine Musik. »Egal, wo ich meine Lieder singe, egal, wo ich den Dudelsack spiele, bin ich oben auf den Ebenen am Monte Pollino.« Jetzt verstehe ich ihn und höre seine Lieder auch hier.

Ein Schäfer zieht über die Hänge. Hund und Schafe folgen seinen Rufen.
Die Gesichter der Menschen sind gezeichnet von einem harten Leben hier
in den Bergen der Basilicata.

Ab und zu verliert sich die Schneedecke auf frostigem Laub und harter Erde.
Wir steigen mit unseren Schneeschuhen weiter, der Schnee wird höher und
seine Oberfläche ist verharscht, es knirscht bei jedem Schritt. Die Pulka läuft
gut auf diesem Untergrund.

Auf einmal fliehen die Wolken, lösen sich von den Bäumen und Felsen.
Als würde sich ein Tor öffnen. Wir betreten einen Raum, weit und zauberhaft, wir atmen Landschaft mit jedem Meter Anstieg.

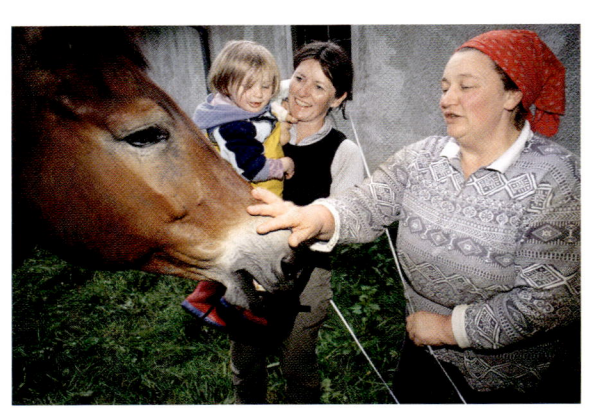

4 | **Die vierte Seele**

Die bayerische Heimat mit dem Muli entdecken

Silja wird langsam zu schwer, um sie über längere Strecken in der Kraxe zu tragen. Uns beschäftigt die Idee, mit einem Muli auf Wanderschaft zu gehen. Aber wohin? Ins Ausland erscheint uns organisatorisch zu schwierig. Also, auf in unsere Berge, in die Berge der bayerischen Alpen zwischen Zugspitze und Karwendel, unsere Heimat. Die Jaudenmühle, wo wir leben, liegt in der Nähe von Murnau, und wenn wir oberhalb der Jaudenmühle auf die ersten Hügel wandern, können wir sie sehen: Zugspitze, Wetterstein, Karwendel – und die Berge am Walchensee, das Ziel unsere Reise. Jetzt sind nicht nur drei Seelen auf Reisen …

Heutzutage ein Muli zu organisieren, ist gar nicht so einfach. Früher gab es hier in den Bergen viele Mulis, eingesetzt vom Militär, um die Berghütten zu versorgen. Heute geschieht dies mit Allradfahrzeugen oder sogar mit Hubschraubern. Die Mulis sind überflüssig geworden und somit ist die Suche nach einem solchen Tier entsprechend schwierig. Der Muliclub und auch die Züchtervereine können uns nicht wirklich weiterhelfen und so langsam bin ich am Verzweifeln. Kein Muli, keine Reise durch unsere Heimat.

Aber es geschieht ja immer das, was geschieht, weil es geschehen muss: mitten in Habach, dem Dorf gegenüber unserer Mühle, gibt es ein Muli! Ich erfahre das von Viva, einer Freundin, der ich von unserem Vorhaben erzähle. Und so entsteht eine wunderbare Freundschaft zu Muli Rosa und ihrer Besitzerin Barbara. Bei unserem ersten Treffen sind wir alle drei sehr aufgeregt.

Rosa ist groß, viel größer als ich mir ein Muli vorgestellt hatte. Und sie ist schön – wunderschön. Barbara ist begeistert von unserem Vorhaben und unterstützt uns, wo es nur geht, vor allem aber schenkt sie uns großes Vertrauen und gibt Rosa für vier Wochen in unsere Obhut.

Zwei Chefs sind einer zu viel

Barbara hat Rosa mit Sattel und Führstrick ausgestattet. Am Tag unseres Aufbruchs befestige ich mit Hilfe von Spanngurten zwei große wasserdichte Packtaschen und eine Gepäckrolle am Sattel. Ich hänge noch einen Wassersack über den Knauf, und dann wagen wir die ersten Schritte über den Hof. Rosa folgt auf kurzem Zug, sie scheint willig, vielleicht ahnt sie schon das Glück eines großen Abenteuers. Kurz nach unserem Aufbruch beginnt es zu regnen. Noch ahnen wir nicht, dass es fast vier Wochen durchregnen wird. Der regennasse Waldboden dampft. Rosa geht schnell, es ist mühsam, ihr zu folgen.

Noch ist das Gelände leicht und es gelingt mir, immer vor ihr zu bleiben. Das ist sehr wichtig für die Rollenverteilung in diesem »Schauspiel«. Ich habe keine Erfahrung mit Pferden – und mit Mulis schon gar nicht, nur mit einem kleinen Kind. Barbara meinte, das wäre so ungefähr das Gleiche. Konsequent, sicher und ganz klar sein, in dem, was man tut. Grenzen setzen, und wenn nötig die »angedrohten« Konsequenzen auch tatsächlich umsetzen. Ich bilde mir ein, perfekt zu sein in meiner Rolle und merke doch schon am ersten Tag, dass Rosa die gleichen Ambitionen auf den Chefposten hat wie ich. Um es gleich zu sagen: zwei Chefs sind einer zuviel!

Der erste Tag ist schwierig und die Nacht eine Katastrophe. Wir sind nicht weit gekommen, kurz hinter der Höhlmühle beginnt es zu dämmern. Es regnet noch immer, als wir an einem alten Stadel unser Lager errichten. Ich binde Rosa fest und baue das Zelt auf. Für Rosa spanne ich zwischen dem Dach des Stadels und einem Baum ein etwa 25 Meter langes Kunststoffseil, an dem ich Rosas Führstrick mit einem Karabiner einhänge. Genial – denke ich zumindest. Denn so kann sie sich in der Nacht frei bewegen und auch fressen.

Am Morgen trifft mich der Schlag, Rosa hat sich fast bis China durchgegraben, die Wiese ist verwüstet und Rosa hängt gar nicht mehr am Seil. Hektisch schaue ich mich um und entdecke sie schließlich 300 Meter vom Zelt entfernt, fressend auf einer anderen Wiese. Langsam gehe ich auf sie zu, im Kopf bereits das Szenario einer wilden Muliflucht in die bayerischen Alpen. Ich höre schon meine Stimme, die versucht, Barbara zu erklären, dass ihre geliebte Rosa über alle Berge ist. Rosa ist zum Glück so mit dem Fressen beschäftigt, dass sie mein Näherkommen nicht bemerkt. Vorsichtig klinke ich den Karabiner ein, führe sie zurück zum Stadel und binde sie dort an.

Wie sich ihr Karabiner vom Seil lösen konnte, ist mir bis heute ein Rätsel. Doch eines wird klar nach dieser Nacht: Wild zelten können wir mit diesem Tier vergessen, denn jede Wiese wird sich bei dieser Witterung auf diese Weise in einen Acker verwandeln. Ohne Zustimmung des Eigentümers ist das nicht zu verantworten. Wir ändern also unsere Pläne und nehmen ab jetzt Kontakt zur einheimischen Bevölkerung auf.

Eine Prüfung für mich

»Jetzt reg dich doch nicht so auf«, sagt Susanne und meint damit meine immer häufigeren Wutausbrüche. Das merke ich selbst, aber Rosa macht mich einfach wahnsinnig, ständig versucht sie mich zu überholen, oder sie rempelt mich von hinten links an – mit einer Wucht, dass es mich fast aus den Schuhen haut. Bin ich kurz in Gedanken, schnappt sie mir in die Kniekehle, und bei jeder Rast verwickelt sie sich in dem Führstrick, der nach zwei Tagen schon einen halben Meter kürzer geworden ist, weil ich Rosa das eine oder andere Mal »freischneiden« musste. Die Reise entwickelt sich für mich zu einer regelrechten Prüfung.

Doch Silja liebt unser Muli. »Papa heb mich hoch, ich will mit Rosalina kuscheln.« Susanne lässt Silja bisher noch die meiste Zeit in der Kraxe, wir möchten erstmal Vertrauen schaffen zwischen Silja und Rosa. In den Pausen kümmert sich Silja herzlich um unser Muli, sie pflückt ihr Blumen und streichelt ihr zart über die Nüstern. Dann reitet Silja ein Stück und fühlt sich sichtbar wohl dort oben auf dem breiten Rücken. Morgens vor dem Aufsatteln bürstet Silja ihren Rücken und mit dem Hufkratzer entfernt sie größere Steine aus den Hufeisen. Rosa hält still und wir haben großes Vertrauen in ihr Gefühl für den Umgang mit einem so kleinen Menschen.

Wir haben das Murnauer Moos durchquert und sind in Grafenaschau. Die Nacht verbringen wir auf einem

Pferdehof. Begeistert werden wir aufgenommen und Rosa wird mit frischem Klee verwöhnt. Sie steht in einem »Hochsicherheitspaddock«, aus dem sie sich bei aller Phantasie nicht befreien kann. In dieser Nacht schlafen wir ganz ruhig und können Kräfte sammeln.

Regen, Regen, Regen

Am Hörnle vorbei wollen wir ins Ammertal. Der Aufstieg ist steil und anstrengend. Für Rosa ist dieser Aufstieg ein Leichtes, und wie bei Pferden üblich, gibt sie am Berg noch mal extra Gas. Ich kann ihr nicht mehr folgen und gebe schließlich auf, der Führstrick schleift am Boden und ich sehe nur noch das Hinterteil unseres Mulis. »Papa, Rosalina büxt aus!«, ruft Silja panisch. Auch ich bin nicht ganz ohne Angst, als ich sie aus den Augen verliere. Als ich den Pass erreiche, wartet Rosa aber friedlich grasend auf einer kleinen Lichtung und ich spüre zum ersten Mal ein starkes Band zwischen uns, auch wenn ich voller Zweifel bin, ob ich diesem Geschöpf gewachsen bin. Wir werden ja sehen…
Der Regen wird immer heftiger, es donnert und schwarze Wolken ziehen schnell über den Himmel. In Unterammergau gehen wir erstmal zum Bäcker, Silja hat Hunger. Wir wollen nicht weitergehen an diesem Tag, sind erschöpft und auch frustriert. Kein Wunder: Regen, Regen, Regen. Alles am Körper ist nass, Susanne ist kalt und auch Silja beginnt zu

frösteln. Aber wie sollen wir hier im Dorf einen Platz für Zelt und Muli finden?
»Ich finde was!«, sagt Susanne und zieht entschlossen los, mit Silja in der Kraxe. Ich stehe mit Rosa im Regen und beginne mit diesem Muli zu reden, über alles Mögliche. Mehr und mehr habe ich das Gefühl, dass Rosa gar kein normales Muli ist. Dass Rosa eine starke Persönlichkeit ist, das weiß ich ja bereits…

Ein Bier für den Mulitreiber

Susanne kommt freudestrahlend zurück. »Wir dürfen in den Stall von Markus und Christian.« Ich bin froh und kann es kaum glauben: ein trockener Platz für die Nacht! Markus und Christian haben selbst Pferde und Susanne hat bei ihnen offene Türen eingerannt, als sie nach einer Möglichkeit zum Übernachten fragte. Der Stall ist groß und trocken, es riecht wunderbar nach Pferd. Heimelig und romantisch wird es, als wir am Abend Kerzen anzünden. Die beiden Brüder zeigen uns voller Stolz ihre Pferde, Kaltblüter, groß und mächtig, Pia und Luzi sind zwei wunderschöne Tiere. Wir werden noch mit warmem Wasser aus dem Kanister und mit kühlem Bier versorgt, die Gastfreundschaft ist überwältigend. Das gibt mir zu denken. Im Alltagsstress wirken viele Menschen oft unnahbar oder auch einfach unfreundlich, auf dieser Reise sind wir nun auf fremde Hilfe angewiesen. Und es ist eine wunderbare Erfahrung zu sehen, wie Menschen reagieren, wenn man sie direkt um Hilfe bittet. Alle haben sich förmlich ein »Bein ausgerissen«, um uns zu unterstützen, mit einem Platz für die Nacht, einem warmen Stall, etwas Futter für Rosa, einer Badewanne für Susanne oder einem kühlen Bier für den »Mulitreiber«. Das sind Menschen, die in unserer Heimat leben!

Wir bleiben zwei Nächte im Stall von Markus und Christian, es ist einfach zu gemütlich und wir genießen die Atmosphäre, bei den Pferden zu schlafen. Abends beim Einschlafen hört man die Tiere kauen und sich im Stall bewegen. Das Atmen und leise Prusten beruhigt, der Duft von Heu und Stroh hüllt alles ein – es ist friedlich und wir schlafen oben auf dem Heuboden wie Steine.

Rosa dreht durch!

Der Weg führt uns weiter ins Graswangtal. Nebel hängt in den Wäldern und zieht hinauf in die Ammergauer Berge. Die Szenerie wirkt eher wie in einem Tropenwald. Die Nacht verbringen wir auf einer Wiese mitten in Graswang, zum Abendessen organisiert Susanne Pommes mit Ketchup, Apfelschorle und Ettaler Bier. Es hat aufgehört zu regnen und so sitzen wir in der Abendsonne. Auch Rosa genießt die warmen Strahlen auf ihrem dampfenden Fell. In Unterammergau haben wir uns auch eine Rolle »Elektrozaun« besorgt, aus dem ich für Rosa mit Hilfe der Teleskopstöcke eine Weide abstecken kann. In dem Glauben, dass der Zaun Strom führt,

respektiert Rosa diese Grenze und ich bin zufrieden. Wir »überqueren« die Ammergauer Berge und verbringen eine Nacht draußen. Es hat nicht geregnet und so wagen wir es, wild zu zelten.

Auch am Morgen lacht die Sonne und alles spricht für einen wunderbaren Tag auf unserer Reise. Doch es soll ganz anders kommen. Rosa ist schon auf den ersten Metern unruhig und bockig. Und schließlich passiert es: Rosa gibt Gas, bremst unvermittelt, macht einen Buckel und das gesamte Gepäck schießt über ihren Hals hinweg auf den Schotterweg. Ich bin völlig fassungslos und kann nicht begreifen, was ich da eben gesehen habe. Silja weint in der Kraxe und auch Susanne ist sichtbar irritiert über diesen Ausbruch.

Ich nehme Rosa ganz kurz am Strick und führe sie zu einem Baum, um sie dort anzubinden, sie wirkt jetzt entspannt, ganz im Gegensatz zu mir. Was Rosa gerade vollführt hat, kann sie ja nun bei jeder sich passenden Gelegenheit wiederholen – und so soll es auch kommen! Vier Mal wirft sie das Gepäck noch ab, und mit jedem Abwurf komme ich dem Wahnsinn näher. Beim vierten Abwurf raste ich aus. Ich kann nicht mehr, wünsche mir, dass dieses Ungeheuer einfach weg ist, dieses Tier bringt mich zur Verzweiflung. Ich will, dass es aufhört. Susanne ist entsetzt, aber nicht über das Verhalten des Mulis, sondern über mich! So hat sie mich noch nie erlebt, meine Nasenflügel beben, mein Kopf ist puterrot

und Susanne hat Angst um das Leben von Rosalina. »Hör jetzt auf, so macht das ja alles keinen Sinn!« Susanne macht mir klar, dass es so nicht weitergeht, und auch Silja schaut mich verunsichert an. Ich kann mich nur schwer beruhigen, versuche tief durchzuatmen, an was Schönes zu denken und zähle bis Hundert.

Nachdem ich wieder Herr meiner Sinne bin, beginne ich Rosa aufzusatteln, und nach einer Stunde Zwangspause geht es weiter. Nach einer halben Stunde erreichen wir ein kleines Viehgatter mit Weiderost – zu klein, wie sich herausstellt. Rosa passt mit den Packtaschen am Sattel nicht durch das Gatter, ich muss sie absatteln, eigentlich ein Grund, den nächsten Anfall zu kriegen. Doch ich bin in Gedanken schon weiter. Ich bin mir sicher: sobald wir die Straße erreichen, werde ich diese Reise beenden.

Ich werde Barbara anrufen und sie bitten, Rosa mit dem Pferdeanhänger abzuholen und uns gleich mit. Schluss, aus, finito! Keinen Tag länger werde ich mich mit diesem Tier, oder was es auch sein mag, herumschlagen.

Wir erreichen Grainau und machen eine längere Pause. Susanne erinnert sich an das Kräuterbündel, das uns unsere Freundin Viva zum Räuchern mit auf die Reise gegeben hat. Wir lassen also das qualmende Bündel um unsere Köpfe und um den Dickschädel von Rosa kreisen. Die Leute beobach-

ten uns skeptisch, aber das ist jetzt auch schon egal. Die Zuversicht steigt und Barbara macht mir am Telefon klar, dass das alles kein Grund ist, um die Reise abzubrechen. Sie kommt noch am Abend nach Grainau und bringt einen Schweif- und Gepäckgurt für den Sattel mit, so dass Rosa das Gepäck nun nicht mehr einfach über den Hals abwerfen kann. Unsere Reise geht weiter.

Nächtlicher Imbiss

Die nächsten Tage verlaufen entspannt, irgendwie war dieses »Gewitter« nötig. Wir laufen über Ziehwege und Almen, schlafen unter freiem Himmel oder in einfachen Ställen. Rosa hat mich akzeptiert und wir verstehen uns wunderbar – inzwischen liebe ich dieses Tier. In Elmau machen wir wieder Rast auf einem Pferdehof, Rosa ist in einem Stall mit rotem Teppich untergebracht und wir dürfen die Badewanne des Reiterclubs benutzen. Was für ein Glück! Seit zwei Tagen hat es nicht geregnet! Von Elmau geht es unter grandioser Kulisse des Wettersteins weiter nach Scharnitz. Der Regen setzt wieder ein, bald schüttet es heftig und ohne Unterlass aus allen Wolken. Als wir Scharnitz erreichen, beginnt es zu dämmern. Vor Charly's Café machen wir eine Pause, und wie es manchmal so sein soll: Charly hat einen Schafstall, der momentan leer steht. Die Schafe sind oben in den Bergen. Eine halbe Stunde später sitzen wir trocken und warm in Charlys Stall – Glück gehabt! Rosa hat eine große Box mit Stroh. Es regnet weitere drei Tage heftig und wir bleiben bei Charly, der am Abend immer mal nach seinen Gästen schaut. Wieder eine wundervolle Begegnung und eine große Bereicherung auf unserer Reise.

Dann endlich Sonne. Oben auf den Bergen liegt Schnee und ein kalter herbstlicher Wind weht von Osten herüber. Wir packen unsere sieben Sachen, satteln Rosa und brechen auf zu unserer alpinen Etappe, hinauf zum Karwendelhaus. Außer einer Begegnung der dritten Art mit einem wild gewordenen Förster verläuft dieser Tag wunderbar. Der Schnee auf den Gipfeln steht in leuchtendem Kontrast zu dem Grün der Wiesen und den Farben der Felsen und Grate. Der Weg ist gut und die Anstiege sind zivil. In der Abendsonne erreichen wir die Hochalm. Hier wollen wir bleiben. Jetzt muss es nur noch für den Almwirt passen. Vorsichtig frage ich an und bin sehr froh, als Toni und Uschi uns einen Platz für die Nacht anbieten. Wir können unser Zelt im Bereich der Hütte aufbauen, durch einen Zaun vor den aufdringlichen Kühen geschützt. Für Rosa grenze ich mit Hilfe der Zaunrolle und unserer Stöcke eine saftige Weide ab. Spätestens, als das Weißbier auf dem Tisch steht, denke ich, dass es schöner nicht sein kann.

In der Nacht wache ich von einem ungewöhnlichen Geräusch auf. Ich habe auf dieser Reise ohnehin

einen unruhigen Schlaf. Irgendetwas schnorpst und knarzt. Ich stehe auf, schäle mich aus dem Zelt und versuche, das Geräusch zu orten. Dann entdecke ich sie: Rosa steht unter dem Vordach der Hütte und frisst den Dachbalken an. Gut abgelagertes Holz – lecker! Ich denke an Toni und daran, was er von diesem nächtlichen Mahl unseres Mulis wohl halten wird, und dränge Rosa vom Dach ab. Ich versetze den Zaun um ein großes Stück weiter weg von der Hütte. Den Rest der Nacht schlafe ich gut.

Die Heilige Familie

Die nächsten Tage verlaufen ruhig und führen uns durch eine zauberhafte Landschaft. Vom Karwendelhaus führt der Weg über den großen Ahornboden hinunter ins Rißtal, immer mit schönem Blick auf die Berge des Karwendel. Vom Rißtal steigen wir hinauf zur Fereinalp und weiter zur Soiernspitze, bis wir schließlich das Tal der Isar, Krün und Wallgau erreichen. Leider regnet es wieder. Nur zwei Tage hat das schöne Wetter gehalten, und so fragen wir in Krün bei den Bauern nach Unterkunft. Schließlich haben wir Glück. Außerhalb von Krün geraten wir an eine Muli-Liebhaberin, die sich mit Hingabe und Begeisterung unserer Rosa widmet. Rosa bekommt eine schöne große Box mit Stroh, Heu und Wasser. Und wir dürfen auf der Sumpfwiese hinter dem Hof unser Zelt aufschlagen. »Lass uns doch einfach schön essen gehen«, schlägt Susanne vor, und da

sage ich nicht nein! Rosa ist sicher untergebracht und wird bestens versorgt, sodass wir in aller Ruhe nach Krün spazieren können, um es uns richtig schmecken zu lassen – Schweinebraten mit allem Drum und Dran.

Am Walchensee übernachten wir auf einem Parkplatz, es regnet natürlich. Dieser Ort ist eigentlich ein Stimmungskiller, aber irgendwie sind wir guter Dinge und Silja hüpft durch die Pfützen, als wären sie nur für sie da. Wir umrunden den See, der schon fast über die Ufer tritt, und erreichen im strömenden Regen Sassenbach. Der Bauer ist zuerst skeptisch und weist uns ab, doch dann packt ihn das Mitleid. Irgendwie lösen wir mit unserem »Heilige-Familie-Auftritt« immer einen Helferreflex aus, jedenfalls erlaubt uns der Bauer in seinem auf einem kleinen Hügel gelegenen Stall zu übernachten. Der Boden ist bedeckt mit getrockneten Kuhfladen, es riecht recht »würzig«, aber das Dach ist dicht. Unser Freund Jonas kommt mit Siri, seiner kleinen Tochter, um uns zu besuchen. Im Gepäck hat er Käse und Wein. Es wird ein wunderschöner und stimmungsvoller Abend im Stall von Sassenbach. Rosa schläft in dieser Nacht direkt neben uns, sie legt sich hin, ein Zeichen, dass sie sich wohl und sicher fühlt.

»Meine Rosalina, meine Rosalina!«

Der Abstieg hinunter nach Kochel führt über die alte Kesselbergstraße, die neue Straße ist wegen Muren-abgängen bereits gesperrt. Im Giggerer trinken wir noch einen Kaffee und brechen dann auf nach Ried. Wir wollen zu Pepe und Tom, guten Freunden, die uns für diese Nacht aufnehmen wollen. Wenn alles gut läuft, sind wir in einer Stunde da. Doch nichts läuft gut, die nächsten Kilometer entwickeln sich zur Katastrophe! Kurz hinter Kochel auf der Kohleite begegnen uns zwei riesige Kaltbluthengste. Sie verunsichern Rosa – und nicht nur sie. Wie wild rennen diese Bestien auf uns zu, Susanne bringt sich mit Silja in der Kraxe in Sicherheit. Das hat Rosa auch vor, und sie tut es, ohne daran zu denken, dass ich noch an ihr hänge. Wie in einem schlechten Comic stolpere ich Rosa hinterher. Im Galopp brechen wir über die Alm, was die Kaltbluthengste so irritiert, dass sie von uns ablassen. Wir kommen zum Stehen, ich kann kaum atmen. Was ich sehe, lässt mich wieder an meinem Verstand zweifeln: Rosa hat das gesamte Gepäck nicht auf dem Rücken sondern am Bauch hängen!?

Absatteln und alles neu verzurren! Und es schüttet wie aus Eimern. GoreTex hin oder her – ich bin pitschnass. Wir gehen weiter und stoßen nach hundert Metern auf das nächste Hindernis: ein Weiderost. Nicht weiter schlimm, wenn es ein Gatter gäbe. Gibt es aber nicht. Da der Weidezaun überall dicht ist, muss Rosa nun über diesen Rost. Das tut sie aber nicht. Keinen Meter bewegt sie sich, egal, wie sehr ich auch ziehe oder schiebe. Dann entscheide ich mich zu drastischen Mitteln: Ich löse den Zaun an zwei Stellen, natürlich mit der Absicht, ihn danach wieder zu fixieren. Ich führe Rosa in den Wald an die vorbereitete Stelle, aber in dem Moment, als sie durch den Zaun geht, sinkt sie mit den Vorderbeinen tief in den morastigen Waldboden. Zum ersten Mal auf dieser Reise bekommt Rosa richtig Panik. Sie strampelt wild mit den Hinterbeinen und gräbt sich immer tiefer in den Morast. Ich ziehe wie ein Wilder am Führstrick, um ihr irgendwie zu helfen, dann bekommt sie etwas festeren Boden unter die Füße und kommt frei.

Wir stehen beide zitternd auf dem Waldweg. Als ich sehe, dass sich um den linken Hinterlauf Draht gewickelt und Rosa sich geschnitten hat, bin ich entsetzt. Am Ende unserer Wanderung verletzt sich dieses wunderbare Tier und ich bin verantwortlich dafür. Silja ist auch außer sich, sie hat die ganze Aktion mitverfolgt und sitzt nun weinend in der Kraxe. »Meine Rosalina, meine Rosalina«, wimmert sie. Es ist schrecklich. Ich untersuche die Verletzung von Rosa und stelle fest, dass es nur eine oberflächliche Schnittwunde ist. Ich bin etwas beruhigt und Rosa setzt sich in Bewegung, als ich am Führstrick ziehe. Wir laufen weiter, doch es dauert keine fünfzig Meter bis zur nächsten Prüfung, der nächste Weiderost. Ich kann es nicht fassen. Schon oft bin ich diesen Weg gelaufen, nie habe ich auf diese Hindernisse geachtet – jetzt bringen sie mich zur Verzweiflung.

Noch einmal durch den Zaun ist unmöglich, also versuche ich Rosa zu überlisten und tarne den Rost mit Zweigen und Ästen, sodass nur der schmale geschlossene Mittelteil sichtbar bleibt. Stolz betrachte ich meine Arbeit, doch Rosa bewegt sich keinen Zentimeter. Sie hat den Braten gerochen. Wahrscheinlich denkt sie: Für wie blöd hält mich dieser Typ eigentlich?

So darf die Reise nicht enden!
So langsam bin ich am Verzweifeln und Silja ist ganz erschöpft von dieser Aufregung. Wir entschließen uns Tom anzurufen, damit Susanne und Silja schon mal ins Trockene kommen. Silja schläft sofort ein, als sie im Auto sitzt. So überlegen wir nun zu dritt, was zu tun ist. Es gibt kein Vor und kein Zurück. Wir sind mit Rosa gefangen zwischen zwei Weiderosten. Eine absurde Situation – da sind wir 250 Kilometer durch die Berge gelaufen, immer ging es irgendwie weiter und jetzt stecken wir so kurz vor dem Ziel fest. Tom und Susanne fahren mit der völlig erschöpft schlafenden Silja hinunter nach Kochel. Wir haben uns entschlossen, einen Bauern mit Pferde- oder Viehanhänger um Hilfe zu bitten. Ich bleibe bei Rosa, halte sie am Hals und versuche sie und mich zu beruhigen. Wir stehen beide im Wald und sind tropfnass. Jetzt gibt es so viel, was uns verbindet, soviel ist entstanden in den letzten Wochen, so darf diese Reise einfach nicht enden!

Ich höre einen Bulldog und dann sehe ich den Bauern vom Giggerer mit einem Pferdeanhänger. Und dahinter kommen Susanne, Tom und Silja. Im Hänger ist frisches Stroh. Rosa, die sich die letzten zwei Stunden nicht vom Fleck gerührt hat, stürzt in den Hänger. Wir schließen die Klappe, und nachdem uns der Bauer informiert hat, dass sich hier alle hundert Meter Weideroste befinden, bietet er uns an, Rosa gleich nach Ried zu fahren. Wir nehmen dieses Angebot dankbar und erschöpft an. Im Garten von Pepe und Tom baue ich einen Zaun für Rosa und setze mich dann erschöpft zum Käsefondue. Silja ist noch einmal aufgewacht und isst mit großem Appetit. Pepe und Tom sind wunderbar, wir können uns richtig fallen lassen, fühlen uns sicher und geborgen.

Mehr als nur ein Muli …

Am nächsten Morgen scheint die Sonne. Silja hat trockene Klamotten von ihrer Freundin Luzy bekommen, der Tochter von Pepe und Tom. Eigentlich müssten wir jetzt nur noch das Kochler Moor durchqueren und wären schon zu Hause, doch das Feuchtgebiet hat sich wegen der tagelangen Regenfälle zu einem richtigen See entwickelt. Wir laufen über Penzberg einen Riesenumweg und erreichen erst gegen Abend die Jaudenmühle, wo sich die ganze Mühle versammelt, um uns zu begrüßen. Wir sind dann doch sehr stolz, als unsere Reise ihren Abschluss findet.

Wir sind glücklich, vor allem auch weil sich Rosas Verletzung als nicht so schlimm herausstellt. Wir sind froh, unsere Heimat auf diese Art kennen gelernt zu haben. Es ist wunderbar, so viele besondere Menschen getroffen zu haben, die uns alle unterstützt und ermutigt haben, weiter zu gehen. Später bringen wir Rosa hoch in den Stall von Barbara. Oft hätte ich Rosa auf dieser Reise am liebsten auf den Mond geschossen, sie hat mich gereizt bis aufs Blut und doch ist dieser Moment des Abschieds sehr traurig. Denn nun bin ich mir sicher, dass Rosa mehr ist als nur ein ganz normales Muli.

Wir laufen über Ziehwege und Almen, schlafen unter freiem Himmel oder in einfachen Ställen. Rosa hat mich akzeptiert – wir verstehen uns.

Wir umrunden den See, der schon fast über die Ufer tritt, und erreichen
Sassenbach in strömendem Regen. Der Bauer ist zuerst skeptisch und weist
uns ab, doch dann packt ihn das Mitleid.

5 | Felsentanz

Wege zum Dreisein in den Lechtaler Alpen

Es ist Anfang November. Eigentlich viel zu spät, um in die Berge aufzubrechen. Kalt, aber immer noch kein Schnee, selbst hier in den Höhen der Lechtaler Alpen – meinen Bergen! Oft war ich hier, alleine, auf der Suche nach Formen und Räumen, die sich nicht verändern. Nach Räumen, die Trost spenden, Ruhe geben in Zeiten hektischer Veränderung. Hier in den Lechtalern war das Gefühl ganz stark, die Vorstellung ganz klar: Sollte ich einmal Familie haben, möchte ich durch diese Berge ziehen, voller Stolz, dass hier mein und unser Anfang war.

Nach Siljas Geburt sollte es noch vier Horizonte, vier Reisen dauern, nun sind wir da! Und ich habe Zahnschmerzen, so heftig, dass es mir den Atem raubt. So etwas kommt nie vor in tollkühnen Plänen und Lebensmodellen! Ich darf nicht durch den Mund atmen, kalte Luft ist ein Killer. Ich versuche so im Rhythmus zu gehen, dass die Sauerstoffzufuhr durch die Nase ausreicht. Mit 30 Kilo auf dem Rücken und steilen Anstiegen ist das kein leichtes Unterfangen. Ich will es einfach nicht glauben, mein Lebenstraum geht in Erfüllung und mir fliegt eine Plombe raus! Jetzt ist Erfahrung gefragt, in den Schmerz gehen, den Schmerz ignorieren, einfach nicht dran denken und immer schön warm halten.

Ich ziehe mir die Sturmhaube über den Kopf und atme in den Wollstoff, das feuchtwarme Klima mildert den pochenden Schmerz. Ich beginne wieder zu fotografieren, schöpfe Hoffnung für unsere Zeit in den Lechtalern.

Flügel für die Phantasie

Der Weg von Pfafflar führt entlang des Fundoasbachs, zum Teil auf schmalem Pfad, dann verwirrend durch ein verblocktes Bachbett und schließlich hinauf auf die Fundoasalpe. Das Wetter ist wunderbar, die tiefstehende Sonne zeichnet scharfe Konturen. Die Farben sind erdig und warm. Wir haben nur ein leichtes Biwaktippi dabei, um Gewicht zu sparen. Schnell ist es aufgebaut und Wasser fließt direkt am

Lager. Silja hat großen Hunger und schaut mir beim Kochen über die Schulter. Es wird nicht mehr allzu lange dauern, dann wird sie selbst den Kochlöffel schwingen.

Passend zum Thema haben wir das Buch »Conni beim Zahnarzt« dabei. Susanne liest Silja vor und ich versuche an etwas anderes zu denken. »Papa, du hast baune Tellen am Zahn!« Als Silja nun auch noch Zahnarzt spielen will und ich der Patient sein soll, muss ich herzhaft lachen und der Schmerz lässt nach. Die Abendstimmung ist faszinierend, alles wirkt ruhig und langsam, so als würde sich die Natur auf einen langen Winter vorbereiten. Drüben an den Schutthängen der Brunnkarspitze suchen Gämsen nach den letzten Kräutern. Kaum zu glauben, dass sie in dieser Steinwüste etwas zu fressen finden. Auch sie sind still und voller Erwartung. Es ist ein großes Geschenk, jetzt in den Bergen sein zu dürfen und teilzuhaben an diesem Schauspiel, an dieser Atmosphäre. Der Schnee wartet, bis wir wieder unten im Tal sind, da bin ich mir jetzt ganz sicher. Das Tippi lässt sich am Eingang weit öffnen, sodass wir mit den Köpfen fast unter freiem Nachthimmel liegen. Der Blick hinauf zum Großen Wagen beflügelt meine Fantasie. Bilder tauchen auf, vom Tag und von dem, was wir noch erleben werden, hier und in anderen »Räumen« irgendwo auf der Welt. Reisen mit Familie – alles wirklich Wichtige liegt neben mir im Zelt, das Denken ist ganzheitlich und aus dem

Reisen wird Leben. Alles ist möglich, kein Gedanke
an das Zurückkehren, das Zuhause ist hier.
Am Morgen scheint wieder die Sonne und es herrscht
absolute Windstille. Wir packen Silja in ihren Overall,
und sie marschiert los. Ihr Radius wird immer größer.
Sie entdeckt einen »Steintisch« und beginnt Kräuter
zu sammeln. Susanne packt zusammen, ich versuche
mich zu sammeln. Die Nacht war nicht so übel, die
Schmerzen halten sich in Grenzen, nur allzu schnelle
Bewegungen mit dem Kopf sollte ich bleiben lassen.
Die Mädels kochen Kräutersuppe und ich packe. In
Susannes Kinderkraxe kommen noch die Klamotten
von Silja und ein 4-Liter-Wassersack, der nun mal gut
vier Kilo Zusatzgewicht bringt! In meinen Rucksack
muss dann der Rest. Ausrüstung für drei Leute und
Verpflegung für acht Tage in einen Rucksack zu bekommen, ist nicht immer ganz leicht und an diesem
Morgen habe ich damit richtige Probleme. Dank
unserer Erfahrungen, vor allem durch die Pyrenäen-
tour, gelingt es mir schließlich doch, alles zu verstauen. Es geht los, Silja sitzt zufrieden in der Kraxe,
ich schultere den Rucksack und merke erst jetzt, dass
ich die Kameratasche vergessen habe. Also Rucksack wieder absetzen, Kameratasche um die Hüfte
und Rucksack wieder aufsetzen. Ich bin grantig, der
pochende Zahn nagt an meinen Nerven. Susanne
bekommt das zu spüren und geht genervt auf Dis-
tanz. Und jetzt los! Laufen beruhigt und entspannt –
sage ich mir.

»Papili, reg dich nicht auf!«
Bei 2421 Metern Seehöhe erreichen wir das Galt-
seitejoch und haben erste freie Blicke in das Parzinn.
Nach dem Schlenkerkar ist auch schon die Hanauer
Hütte in Sichtweite. Wir steigen nicht hinab zur
Hütte, sondern bleiben auf der Höhe und steigen
weiter in Richtung Dremelspitze und Dremelscharte.
Die Dremelspitze ist ein imposanter Berg, scheinbar
nur aus Schutt und Felsenplatten entstanden. Am
Fuß dieses chaotischen Bergs wollen wir heute
Nacht unser Tippi aufschlagen.
Das Zelt steht und nun beginnt die Suche nach
Wasser. Normalerweise findet sich in den Lech-
talern immer Wasser, doch dieser Herbst war so
trocken, dass kein Rinnsaal zu entdecken ist. Ich
schnappe mir alle Flaschen und den Wassersack
und ziehe los. Aber wohin? Kein grünes Moosband,
keine versteckte Scharte, nichts! Nach eineinhalb
Stunden gebe ich auf, es ist kein Wasser zu finden.
Wir müssen Schnee schmelzen. Oberhalb liegt ein
Altschneefeld, mit einem großen Schlafsackpack-
beutel mache ich mich auf den Weg. Ich presse den
Schnee in den Packbeutel, die Menge müsste aus-
reichend sein für unser Lager.
Wieder am Zelt möchte ich mit dem Schmelzen beginnen, doch als ich den Gaskocher auf die Kartusche schrauben will, bricht der Kocher ab. Ich kann
es nicht glauben, der Kocher ist oberhalb des Gewin-
des abgebrochen! Wieso müssen wir auf dieser Tour

diese Prüfungen bestehen? Die Zahnschmerzen sind schon ätzend genug und ohne Kocher brauchen wir gar nicht erst weiterzuziehen. Ich fluche und lasse mich auf die Schlafsäcke fallen. Silja kommt und will mich trösten: »Komm Papili, reg dich nicht auf.« Ich atme tief durch, versuche an die wirklich wichtigen Dinge zu denken und schaue mir den Kocher noch einmal in Ruhe an.

Schließlich versuche ich den Gasbrenner mit zwei Packriemen auf der Kartusche zu befestigen. Ich zerre und zurre und dann kommt der große Test. Sicherheitshalber entferne ich mich dazu etwas vom Zelt – wer weiß, was heute noch alles passiert. Wenn das Teil losschießt wie eine Rakete oder gar explodiert…?! Doch die Konstruktion funktioniert! Nicht ohne Stolz kehrt der »Mann« zu seinen beiden Frauen zurück. »Jetzt gibt es Nudeln mit Soße!« heißt die Devise.

Der Durchstieg an der Dremelscharte ist nicht ohne, im letzten Teil muss man sich an einem Stahlseil nach oben hangeln. Susanne macht das klasse, auch wenn sie Zweifel hat. »Ich schaue da jetzt besser nicht runter«, sagt sie und steigt konzentriert weiter. Doch der Weg ist nicht gefährlich, ein Abstürzen oder Abrutschen ist nicht möglich – Bedingung bei der wertvollen Fracht, die Susanne auf dem Rücken trägt. Nach kurzem Abstieg von der Scharte sehen wir das Glitzern des Steinsees. Wie ein Auge der Berge liegt er eingebettet zwischen einem Amphitheater aus Felsen und Schutt. Richtung Südwesten ist der Blick frei in die Tiefe der Lechtaler, ein wilder Fluss verborgener Berge.

Spiegel all der Schönheit

Als wir den See erreichen, steht die Abendsonne auf dem Wasser, das wie ein Spiegel all die Schönheit wiedergibt. Es ist zu spät zum Baden, und so genießen wir einfach die Stille und die Sonne. Silja spielt am Wasser – und natürlich: Silja kocht. Mittlerweile aber nicht mehr für uns, sondern für die Tiere. Für den Raben, für die Gämse und für die Murmeltiere. Ihre Rezeptlisten sind lang: »Ogerano, Thymian, Peffer und Rosmarin.« Da wir heute sicher kein Wasserproblem haben werden, liege ich lange faul in der Sonne und Susanne tut es mir gleich, es ist wunderbar. Ab und zu hören wir Steine rutschen, Gämsen ziehen in der Nähe über steile Hänge, blicken auf und fressen weiter. Zum Fotografieren sind sie leider zu weit weg, ihre Körper werfen scharfe Schatten auf dem Gestein. Nach Sonnenuntergang reflektiert der See noch lange das Licht des Nachthimmels, Susanne und Silja gehen am Ufer spazieren und ihre Silhouetten sind Scherenschnitte des Glücks. Silja ist erschöpft eingeschlafen, Susanne und ich sitzen auf einer Isomatte vor dem Zelt und staunen über die Sterne. Ohne Fremdlicht ist dieser Sternenhimmel fast so intensiv wie tief im Süden. Erst als Wind aufkommt, legen wir uns zu Silja ins Tippi.

Prasselnder Regen holt mich aus dem Schlaf. Der Wind hat Wolken gebracht. Da unser Zelt kein Innenzelt und auch keinen Boden hat, kontrolliere ich, ob noch alles trocken ist. Beruhigt beginne ich das Frühstück zuzubereiten. Susanne und die Kleine schlafen noch selig.

Kaffeeduft bringt Susanne dann doch aus dem Schlafsack, Silja beginnt sich zu strecken und recken. Dann springt sie förmlich auf und will sofort zu ihrem Kochplatz am See. Sofort! Und gleich haben wir den ersten Konflikt des Tages: Madame will raus in den Regen. Susanne und ich wollen aber erstmal in Ruhe frühstücken und einen Kaffee trinken. Diesmal sind wir stur und vielleicht auch noch nicht richtig wach, jedenfalls ist die Enttäuschung bei Silja groß und das Weinen laut und schrill. »Da müssen wir jetzt durch«, sagt Susanne entschlossen und nach ein paar Minuten schlabbert Silja ihre Milchnudeln. Eingepackt in ihre Regenklamotten zieht sie los – zum Kochen.

Zu Quelle und Antwort

Wir steigen weiter in Richtung Mittelkopf, Nebel zieht langsam herauf aus dem Tal, drüben am Horizont sind gerade noch die Ötztaler zu sehen. Der Weg ist schmal aber sicher, die Sicht wird immer schlechter und ab und zu schlagen Steine – Gämsen auf ihrem Weg durch die Felsen. Oben am Gufelgrasjoch empfängt uns kalter, schneidender Wind. Ich setze den Rucksack ab und ziehe meinen Anorak

über, Susanne möchte weiterlaufen, Silja verschläft zum Glück diese unangenehme Passage. Der Wind vertreibt kurz den Nebel und der Blick wird frei auf die imposante Leiterspitze. Noch bevor der Nebel wieder dichter wird, erblicken wir die Böden der Gufelalpe und wissen, dass wir bald einen sicheren Platz für die Nacht finden werden.

Durch den Nebel unbemerkt sind Regenwolken aufgezogen, und als wir die kleine Hütte auf der Gufelalpe erreichen, beginnt es zu regnen. Die Hütte ist verschlossen – wäre auch zu schön gewesen. So bauen wir im Windschatten der Hütte unser Zelt auf. In dichten Schwaden zieht der Regen über die Landschaft, beim Blick aus dem Zelt sehe ich eine ganze Gruppe von Gämsen. Sie fressen unberührt vom Regen ihre Kräuter.

Ich muss raus, wir haben noch kein Wasser zum Kochen und Trinken, von den oberen Bittrichseen stürzen kleine Wasserfälle hinab ins Tal. Ich laufe los und nehme eine ganz besondere Stimmung wahr, alles ist noch stiller als sonst. Die Gämsen empfinden mich scheinbar nicht als Gefahr, bis auf wenige Meter kann ich mich ihnen nähern. Ich fühle mich nicht als Fremdkörper, bin Teil dieses Schauspiels. Nebelschwaden reißen auf und verschlingen sogleich wieder das Bild. Ich finde Wasser und es schmeckt köstlich und frisch, direkt aus dem Inneren der Berge. Ein unmittelbares Erlebnis. Ich fliege zurück zum Zelt zu Susanne und Silja, zu Quelle und Antwort. Ich bin glücklich.

Es regnet die ganze Nacht, die Tropfen treffen in stetem Rhythmus auf das Zelt, beruhigend und schön. Der Wind ist nur schwach und im Zelt bleibt alles trocken. Am Morgen lockern die Wolken etwas auf. Silja findet einen alten Besen an der Hütte. »Papa, soll ich unser Zelt besen?«, fragt sie voller Begeisterung und beginnt ihr Werk.

Salbei für den König

Auf dem Weg zum Gufelsee, der versteckt zwischen Kogelseespitze und Parzinnspitze liegt, sehen wir ganze Herden von Gämsen. Ganz oben steht eine kleine Gruppe Steinböcke. Imposante Tiere. Würde- und kraftvoll stehen sie am Grat, sie bewegen sich leicht und sicher.

Wir erreichen den Gufelsee noch vor der Dunkelheit. Am Ufer des Sees bieten sich wunderschöne Zeltplätze. Die Ebene ist übersät mit den Höhlen der Murmeltiere. Silja ist begeistert und möchte sie gern besuchen. Die Silhouette eines riesigen Felsens erinnert an ein sitzendes Tier, und schnell lebt die Geschichte vom großen Murmeltier, vom König und seinem Versammlungsplatz, auf dem wir nun unser Zelt errichtet haben. Wir gehen von Höhle zu Höhle, begrüßen alle Bewohner und bitten darum, diese Nacht auf ihrem Platz verbringen zu dürfen. Soviel Höflichkeit muss sein. Silja beginnt, eine Suppe für die Murmeltiere zu kochen. »Für den König noch etwas Salbei und ›Ogerano‹ und dann muss die Suppe noch ganz lange kochen«, sagt Silja. Sie ist fest entschlossen, noch nicht ins Zelt zu kommen. Es wird langsam dunkel, ich bringe Silja und Susanne die Stirnlampen, vom Zelt aus kann ich ihr Spiel verfolgen. Erst als ich zum Essen rufe, kommen die beiden aus der Dunkelheit. Silja musste nochmals alle Löcher kontrollieren und allen Bewohnern Gute Nacht sagen. Heute gibt es Seelachs mit Kartoffelbrei aus der Tüte. In den Bergen, nach einem anstrengenden Tag, schmeckt alles gut. Die Schokolade hinterher ist der Höhepunkt, wobei ich sie nur auf einer Seite genießen kann. Aber auf Schokolade verzichten? Ich bin froh, dass der Zahn im Moment einigermaßen Ruhe gibt.

Teil des Ganzen sein

Der Aufstieg vom Gufelsee hinauf zum Gufelseejoch ist steil und teilweise rutschig, Susanne muss sich sehr konzentrieren. Mit Silja auf dem Rücken ist sie natürlich besonders vorsichtig. Ich kann die Kleine nicht nehmen, denn Susanne könnte meinen Rucksack gar nicht erst hochheben. An besonders kritischen Stellen, wenn Susanne zu große Bedenken hat, setze ich meinen Rucksack ab und trage Silja so lange in der Kraxe, bis wir wieder sicheren Boden unter den Füßen haben. Doch das ist nur ganz selten der Fall, denn Susanne ist eine sehr sichere Läuferin, sie tanzt förmlich über die Berge und fasziniert mich damit immer wieder.

Oben vom Joch aus haben wir einen grandiosen
Blick in das Parzinn, das Amphitheater der Lechtaler
Alpen. Wir verweilen kurz auf der Passhöhe und
steigen dann hinab in die Ebenen um die Hanauer
Hütte. Im Sommer weiden hier ein paar Schottische
Galloway-Rinder, jetzt ist es ruhig um die Hütte. Wir
breiten uns auf den warmen Holzplanken der Terrasse aus und genießen die letzten Strahlen der Sonne.
Merkwürdig, so ganz allein an einem Platz zu sein,
der im Sommer so voller Leben ist.
Und schon sind wir am Ende unserer Tour. Ich bin
dankbar, dass wir diese Zeit zwischen Herbst und
Winter als Teil des Ganzen erleben durften und hoffe,
dass wir nicht zu sehr gestört haben. Und ich bin
dankbar, dass es nun möglich ist, als Familie durch
»meine« Berge zu ziehen.

Es ist ein großes Geschenk, zu dieser Zeit in den Bergen sein zu dürfen,
teilzuhaben an diesem Schauspiel, an dieser Atmosphäre. Der Schnee wartet,
bis wir wieder unten im Tal sind, da bin ich mir jetzt ganz sicher.

Die Abendstimmung ist faszinierend, alles wirkt ruhig und langsam, so als würde sich die Natur auf einen langen Winter vorbereiten.

6 | **Der große Schnee**

Mit Schneeschuhen, Kinderpulka und Zelt in Tessiner Tälern

»Ich glaube, es hat aufgehört zu schneien«, rufe ich voller Hoffnung. Einen Moment lang habe ich das leise Auftreffen der schweren Flocken auf unserem Zeltdach nicht mehr gehört. Aber kurz darauf kommen schon wieder dicke Flocken vom Himmel. Inzwischen ist unser Zelt komplett eingeschneit, und wenn Silja von innen gegen die Wände klopft, rutscht der Schnee in dicken Platten vom Zeltdach. Langsam wird es etwas heller, aber das Fallen der Schneeflocken auf unser kleines Zuhause ist immer noch zu hören.

Als wir vor zwei Tagen am Lukmanierpass gestartet sind, begann es zu schneien und seit auch noch ein Sturm eingesetzt hat, kommen wir nicht mehr weiter. Nun sitzen wir hier eingesperrt, aber wenigstens sicher in unserem Zelt. Lawinen können uns nichts anhaben, denn die Täler im Tessin sind weit und offen – fast wie die breiten Täler in Skandinavien. Uns hat genau diese Weite angezogen und der Umstand, dass es hier für Silja keine offensichtlichen Gefahren gibt.

Es ist Nacht geworden und ein dringendes Bedürfnis treibt mich aus unserem sicheren kleinen Zelt nach draußen. Fast nirgends gibt es einen windgeschützten Platz und so bin ich in kürzester Zeit von oben bis unten voller Schnee. Im Schein der Stirnlampe wirbeln unzählige Schneeflocken vorbei, so dass ich mich kaum orientieren kann. Unser Zelt ist inzwischen zum Iglu geworden und wirkt in der Dunkelheit besonders verloren in der schemenhaften Landschaft. Das sanfte Licht der Laterne dringt durch das Nylon und dann höre ich Siljas Stimme. Eine Kinderstimme – wie ungewöhnlich mitten in einem Schneesturm, weit und breit niemand zu sehen. Allein in den Bergen, der Natur ausgesetzt. Aber Silja klingt heiter, sie spielt gerade mit Susanne. Sie verkauft ihr Sonnenbrillen und Erste-Hilfe-Sets, als ob sie in ihrem Kinderzimmer sitzen würde. Wie sehr bewundere ich manchmal, wie sorglos Kinder sein können.

Pipispaghetti im Schneesturm

Etwas schwieriger wird es, als auch Silja dringend einmal muss! Undenkbar, ihr im nächtlichen Schneesturm draußen die Hose auszuziehen. Sie würde schnell auskühlen und auch ihre Kleidung wäre schnell nass. So suchen wir schnell nach möglichen Alternativen, und als wir die leeren Beutel unserer Fertignahrung sehen, haben wir sie erfunden, die Indoor-Toilette!

»Silja, du musst jetzt genau zielen und in die Tüte treffen!«, erklären wir ihr. Silja ist völlig begeistert von unserer Idee. Immer wieder ruft sie fröhlich »Pipispaghetti-Pipispaghetti-Pipispaghetti!«, während wir die Ehre haben, ihr den Beutel hinzuhalten. Die Aktion gelingt, aber als ich dann den vollen Beutel vor dem Zelt ausleere, spielt mir der Wind einen Streich. Statt im Schnee, landen Siljas »Pipispaghetti« vollständig auf meiner Jacke. Silja ist nicht zu halten vor lauter Lachen. Susanne verbeißt sich mühsam das Grinsen und auch ich weiß nicht, ob ich das alles zum Lachen oder zum Ärgern finde. Aber schließlich lacht die ganze Eskimofamilie und meine Mädels verlangen hungrig nach Schokolade und Tee.

In dieser Nacht lässt der Sturm allmählich nach, aber es schneit noch immer. Auch den ganzen nächsten Tag müssen wir noch im Zelt verbringen. An Aufbrechen ist nicht zu denken. Draußen kann man nicht weiter als 20 Meter sehen und der Schnee liegt schon knietief. So wird auch meine Kontrollrunde rund um das Zelt mühsam. Ich bin völlig in Gedanken vertieft: »Soll das schon das Ende unserer Wanderung sein?«, denke ich die ganze Zeit. Eine Pulka durch solch lockeren Schnee zu ziehen, ist sehr anstrengend und unsere Schneeschuhe helfen da nur wenig. So sitzen Susanne und ich ziemlich gefrustet in unserer Schneehöhle und warten auf bessere Zeiten.

Am dritten Tag nach Beginn des Schneesturms zeigt sich endlich die Sonne und der Schnee rutscht von unseren Zeltwänden. Gleich wird es heller in unserem Iglu. Der Blick auf die tief verschneiten Tessiner Berge ist atemberaubend, sie wirken jetzt fast so gewaltig wie »Achttausender«. Das ist kein Wunder – in den letzten zwei Tagen ist etwa ein Meter Schnee gefallen.

Zirkusvorstellung

Nachdem wir unsere Sachen in die Pulkas verpackt haben, ziehen wir endlich wieder los. Doch schon bald wird uns klar, wie viel wir uns vorgenommen haben. Mit soviel Neuschnee im April hatten wir nicht gerechnet. Susanne hängt sich mit aller Kraft in das Zuggeschirr der Kinderpulka, die aber mit jedem Schritt zurückruckt. Obwohl Susanne Schneeschuhe und keinen Rucksack trägt, sinkt sie tief in den frischen Schnee. Es ist sehr mühselig, und zu allem Überdruss bläst uns eiskalter Wind in den Rücken. »Lass uns umkehren, das macht keinen Sinn«, sagt

Susanne erschöpft, und sie hat recht. Doch ich kann nicht wahrhaben, dass hier die Reise schon zu Ende sein soll. »Papa, gehen wir noch weiter?«, fragt Silja durchaus noch entschlossen. Susanne ist sich unsicher, und so bauen wir auf einem windgeschützten Plateau unser Lager auf.

Das Zelt flattert im Sturm und da Silja mithelfen will, dauert es noch länger. Als das Zelt steht, beginnen wir einzuräumen. Susanne und Silja sitzen im Zelt und ich werfe die Packsäcke aus der Pulka hinein. Ein Riesenspaß für Silja, die die Säcke weiter nach hinten zu ihrer Mama pfeffert. Isomatten werden aufgeblasen, Fleecedecken darauf gelegt und darüber kommen noch unsere Daunenschlafsäcke. Jetzt spürt man den kalten Boden nicht mehr und in den Schlafsäcken kann man wunderbar kuscheln.

Silja muss sich noch austoben und beginnt eine Akrobatikvorstellung im Zirkuszelt. Unzählige Male klettert sie auf Susannes Bein und schwingt sich in hohem Bogen hinunter, immer und immer wieder. Susannes Geduld ist wirklich bewundernswert und Siljas Energie ist unbegrenzt. Ich schmelze inzwischen Schnee. Jeden Abend brauchen wir etwa vier bis sechs Liter Wasser zum Kochen, zum Trinken und für die ganz Mutigen zum Waschen. Aber von einem vollen Schneetopf, den ich schmelze, bleiben nur etwa ein Viertel Liter Wasser übrig – eine mühsame und zeitraubende Prozedur, die aber lebensnotwendig für uns hier oben ist.

Silja schläft irgendwann ein. Ein seltsames Licht dringt durch die Zelthaut, draußen steht der Vollmond hell über den Bergen. Es ist still, der Wind hat sich gelegt, ein magischer Augenblick. Wir sitzen am offenen Zelteingang und genießen diesen Moment. Eine unvergessliche Stimmung, so beeindruckend, dass ich selbst als Fotograf meine Kamera im Zelt vergesse.

Geschützt vor den Elementen

Auch am nächsten Morgen ist es völlig windstill. »Ich geh dann schon mal los«, sagt Silja, schnappt sich ihre Wanderstöcke und stapft davon. Das Plateau ist ungefährlich und so lassen wir sie ziehen. Susanne und ich packen die Ausrüstung, nach sechs Reisen sind wir ein eingespieltes Team. Die Sonne wärmt uns heute den Rücken. Unter solchen Bedingungen macht das Packen richtig Spaß. Zelt abbauen ist »Männersache« und für mich eine Zeit, in der ich mich in Ruhe auf den Tag einstelle. Eine kleine Morgenmeditation nur für Papa.

In gleißendem Licht ziehen wir dann langsam steigend durch das Val Termine, der Blick wird frei auf den Pizzo dell' Uomo. Die Wärme ist erstaunlich. Wir trinken bei jeder Rast und ich schwitze wie im Hochsommer. Auf einer Höhe von 2218 Metern erreichen wir den Passo dell' Uomo und blicken hinein in das weite Val Piora. Der Wind hat den Schnee hier oben stärker zusammen gepresst, sodass wir relativ gut

vorankommen. Nicht weit hinter dem Pass erreichen wir eine Alpe, errichtet aus massiven Steinen und überraschend groß. Die Gebäude wirken fast wie eine Burg mitten in den Bergen. Da das Gelände hier oben zu ausgesetzt ist, um das Zelt zu errichten, campieren wir im Sommerkuhstall der Alpe. Eine schöne Vorstellung, auch mal eine Nacht völlig geschützt vor den Elementen zu verbringen.

Wie weise diese Entscheidung ist, zeigt sich schon bald, nachdem die Sonne untergegangen ist: Sturm über dem Passo dell' Uomo! Der Wind pfeift um die Ecken, alte Balken knarren und Marder poltern über dünne Bretter. Und doch schlafen wir in der alten gemauerten Alpe tief und sorglos.

Wird uns der Osterhase finden?

Am Morgen dringen Sonnenstrahlen durch das alte Gebälk und treffen auf unser Zelt. Als ich und Silja aufstehen und nach draußen gehen, finden wir überall Spuren im Schnee. Marder, Krähen und Hasen waren in der stürmischen Nacht unterwegs. Silja hat eine ganz besondere Spur entdeckt: »Papa, schau, der Osterhase war da!«, ruft sie aufgeregt. Tatsächlich ist morgen Ostern. Susanne und ich haben schon die ganze Zeit überlegt, wie wir Ostern hier oben in den Bergen feiern können. Im Gepäck haben wir einen Schokohasen und Schokoeier, aber jetzt ist Silja ganz mit den Abdrücken im Schnee beschäftigt. Sie kann es nicht fassen, dass der Osterhase hier war und bombardiert mich mit Fragen: »Wie hat er uns gefunden? Woher weiß er, dass wir hier oben sind? Und wieso ist er jetzt schon da?« Fragen über Fragen und ich muss aufpassen, dass ich mich nicht verplappere.

Die Pulkas sind gepackt und wir ziehen weiter. Der Pizzo Colombe wird sichtbar, ein markanter Berg mit wilden Zacken, umspielt von Wolken. Zwei Stunden ziehen wir unsere Spur durch den Schnee, leicht bergauf, leicht bergab. Dann stehen wir am »Abgrund«. Das Val Termine fällt schroff zum Val Piora hin ab, und wegen der heftigen Schneefälle ist für uns hier Schluss. Die Lawinengefahr ist einfach zu groß, schon den ganzen Tag hören und sehen wir Lawinen von nahen Hängen rutschen. Wenn wir aber nicht ins Val Piora absteigen können, dann ist die geplante Rundwanderung hier zu Ende und wir müssen auf dem gleichen Weg wieder zurück zum Lukmanierpass.

Wir sitzen im Schnee und überlegen. »Lass uns einfach bleiben«, sagt Susanne nach einer längeren Pause. »Vielleicht geht es auf dieser Reise mehr ums Ankommen als darum, immer weiterzuziehen.« Ja, wahrscheinlich hat sie recht, und wir schlagen schon sehr früh unser Lager auf mit einer wunderbaren Aussicht auf das Val Piora, den Pizzo Colombe, im Westen ist der Schenadüi zu sehen und noch weiter im Westen die Berge des Gotthard. Ein hervorragender Ort, um Eier zu verstecken und zu suchen. Silja

bezweifelt, ob uns der Osterhase hier auch wirklich finden wird. Um ganz sicher zu gehen, bastelt sie eine Osterhasenkette, die sie dann an einen Teleskopstock hängt. Diesen Wegweiser stecken wir dann auf einen kleinen Hügel direkt neben dem Zelt. So ist Silja endlich beruhigt, dass der Osterhase sie nicht verfehlen wird.

Smarties im Schnee

Am nächsten Tag möchte ich unbedingt vor Silja wach sein, um ihr Osternest zu verstecken. Etwas verschlafen und mit steifen Gliedern kämpfe ich mich aus dem Zelt ins Freie. Der Osterhase aus Schokolade, den ich seit Tagen in der Pulka verstecke, sieht leider schon ein bisschen mitgenommen aus. Die Sonne und das schwere Gepäck haben ihm optisch ziemlich zugesetzt. Ich verstecke ihn und einige bunte Schokoeier im Schnee. Den Weg dorthin markiere ich mit bunten Smarties. Ich gehe im großen Bogen durch den Schnee, damit mich meine Spuren nicht verraten. So klein und naiv ist Silja schließlich auch nicht mehr.

Es dauert nicht lange, bis Silja wach ist. »Zieh mich an, Papa, ich muss sofort zum Osterhasen!«, ist ihr erster Satz, nachdem sie die Augen aufgemacht hat. Schnell stecke ich Silja in den Schneeanzug, ziehe ihr Schal und Mütze an. Dann stapft sie los und entdeckt gleich die ersten Smarties. Sie ist nicht mehr zu halten: »Mama«, schreit sie, »Mama! Hier

liegen Marties, komm schnell!« Susanne schaut
noch müde unserem Treiben zu. Dann entdeckt Silja
den Schokohasen und ist entsetzt: »Der ist ja ge-
schmelzen«, stellt sie enttäuscht fest. Doch bald ist
sie beruhigt, als sie feststellt, dass auch »geschmel-
zene« Hasen lecker schmecken.
Wir verbringen einen wunderbaren Ostersonntag
hier in der Einsamkeit am Ende des Val Piora. Ich
habe auf dieser Reise gelernt, dass man nicht immer
weiter muss. Sondern dass auch das Bleiben wichtig
sein kann.

In gleißendem Licht ziehen wir langsam durch das Tal Termine hinauf, der Blick
wird frei auf den Pizzo dell' Uomo. Es ist erstaunlich warm. Welch ein Kontrast!

7 | **Piemont, Pasta und die Geier**

Auf alten Wegen durch das Tal der Maira

»Papa, mein Bärchen schreit!« Silja ist ganz aufgeregt, ihr kleines Bärchen liegt im Auto und gerade ist mir die Tür zugefallen, der Schlüssel liegt neben diesem kleinen grünen Stoffbären auf dem Rücksitz. Wir stehen vor der Posta Tappa in Dronero und wollten gerade aufbrechen zu unserer Wanderung durch das Tal der Maira. Doch nun kommen wir nicht an Schlüssel und Bären – und vorerst nicht zum Wandern. Eine freundliche Dame organisiert uns einen »Spezialisten« und so schnell wie die Türe zugefallen war, ist sie nun wieder auf. Tja, Spezialisten …

Startpunkt für unsere Wanderung ist der kleine Ort Prazzo, ungefähr in der Mitte des Tals. Da es heute zu spät ist, um aufzubrechen, nehmen wir uns für eine Nacht noch ein Zimmer. Am Abend sitzen wir auf der Terrasse, genießen Käse und Bergblick. »Warum schreien die Kälbchen so?«, fragt Silja, denn eine Bäuerin treibt gerade ihre Kühe zurück in den Stall und die kleinen Kälber sind ganz schön aufgeregt. Die Bäuerin wird von ihrem kleinen Sohn begleitet, der mit wilden Gesten die Tiere in den Stall dirigiert. »Schau, Silja«, sage ich, »der Kleine ist nicht viel älter als du und hütet schon eine ganze Kuhherde!« Silja ist genauso beeindruckt wie ich und möchte gerne wissen, wie der kleine Hirte heißt. Die Dämmerung fällt über das Tal und wir gehen schlafen, heute liegen wir noch in den komfortablen Betten unserer Herberge.

Im Nebel durch verlassene Dörfer

Nebel lässt uns am nächsten Morgen kaum das nächste Haus erkennen. Dennoch brechen wir auf. Susanne hat die Kraxe beladen mit Siljas Bekleidung und anderen leichten, aber sperrigen Ausrüstungsteilen. Zwei Liter Wasser kommen noch dazu und am Ende natürlich die kleine, mittlerweile aber ganz schön schwere Silja. So hat Susanne schließlich ein Gewicht von 18 Kilogramm zu tragen. Den Rest der Ausrüstung trage ich in meinem Rucksack, und da wir die nächsten Tage autark sein wollen, im Zelt schla-

fen und kochen, ist das auch eine ganze Menge. Aber wir wollen es nicht anders, wir wollen keine Hütte erreichen müssen, uns keinem Zeitplan unterordnen. Silja schläft sowieso besser im Zelt. Am Anfang fällt das Laufen schwer, die Beine sind noch steif, der Rücken noch nicht stark.

Im Nebel steigen wir weiter und wie aus dem Nichts tauchen dann und wann Häuser auf. Oft sind es alte verlassene Höfe – das große Problem dieses Tals. Teilweise sind ganze Dörfer verlassen – eine alte Kultur stirbt langsam. Wir laufen still in unserem Rhythmus, die Landschaft ist voller Magie und geheimnisvoll. Der Nebel gibt den Blick immer noch nicht frei auf die Berge des Mairatals.

»Ich muss dann mal Pipi…«

Silja durchbricht mit heftigem Rufen die Stille. Bisher hatte sie wie ein Stein in der Kraxe geschlafen, noch immer hat das Tragen für sie einschläfernde Wirkung. »Ich muss Pipi, ich muss Pipi!«, ruft sie. Diese Wanderung ist die erste ohne Windeln, also waren wir sehr gespannt, ob das auch mit der Kraxe funktioniert. Susanne ist total begeistert: »Das machst du ja super!« Silja ist sichtbar stolz. Wir machen also Pause, holen Silja aus der Kraxe, ziehen sie aus und dann kann sie loslegen. Ich denke mir, dass es mit Windeln doch irgendwie einfacher war und habe die Befürchtung dass Silja nun die Karawane nach Belieben stoppen kann, so nach dem Motto: »Ich muss dann mal Pipi …« Aber natürlich finde ich es klasse, dass es nun ohne Windeln geht, denn jetzt muss ich die Dinger ja nicht mehr schleppen.

Mit gemischten Gefühlen

Wir kommen durch Vallone und nur eine alte Frau betrachtet uns Eindringlinge etwas skeptisch. Ich glaube, sie ist froh, als wir weiterziehen und sie wieder ihre gewohnte Ruhe hat. Im Nebel ist die Orientierung manchmal gar nicht so einfach, an der Usolo-Hütte laufen wir vorbei, ohne sie überhaupt zu sehen. Der Weg führt zum Teil durch offenes Gelände oder durch schöne alte Kiefernwälder, immer wieder treffen wir auf Zeugen einer früheren Besiedlung: verfallene Mauern und Zäune, Häuser ohne Dach, Ställe ohne Türen. Manche Szenerie wirkt trostlos und macht uns traurig. Ein bisschen zumindest. Aber es ist auch schön. Wir ziehen durch eine Landschaft, die uns einnimmt mit ihrem Charme und ihrer Schönheit, selbst jetzt im Nebel. Doch die Menschen, die hier lebten, mussten sie verlassen, weil sie keine Perspektive, keine Zukunft hatten.

Es wird Zeit einen Lagerplatz zu suchen. Das ist immer wieder eine richtige Zeremonie, zumindest für mich. Susanne erträgt dieses Ritual mit unglaublicher Geduld. Die beider machen schon mal Rast und ich gehe ohne Rucksack weiter, um meinen Traumplatz für diese Nacht zu finden. Der erste ist

genial, aber etwas ausgesetzt. Wenn Wind aufkommt, ist es zu riskant und überhaupt ist die ebene Fläche zu klein für unser Drei-Personen-Zelt. Der nächste Platz ist wunderbar eben, aber sumpfig, das geht gar nicht. Ich laufe weiter, habe mich nun schon recht weit von Susanne und Silja entfernt. Und da liegt er vor mir. Es ist, als gibt er mir ein Zeichen. Ich weiß, wir haben den Platz für eine ruhige Nacht gefunden. Wieder bei meinen beiden Mädels schultern wir noch einmal die Rucksäcke, Silja will die Strecke bis zum Lagerplatz selbst laufen. »Meine Kleine wird immer größer«, sage ich laut, und Susanne lächelt. Die Nacht ist still, nur Käuzchen rufen. Ich wache auf. Brr, es ist kalt! Doch Silja steckt tief in ihrem Schlafsack und atmet ruhig und friedlich.

Steil bergab

Die Sonne kitzelt uns wach, ich schäle mich aus dem Daunensack, gehe aus dem Zelt und lasse mich wärmen von den ersten Strahlen. Blauer Himmel. Endlich der Blick auf die Berge des Piemont! »Papa, hol mich aus dem Schlafsack, ich will auch raus!«, kräht Silja voller Energie. Kaum draußen legt sie los und entdeckt die Welt. Nach dem Frühstück brechen wir auf, Susanne und Silja pflücken Blumen und ich packe unsere sieben Sachen. Wenn es nur sieben wären … Wir erreichen die Weiler oberhalb von Acceglio, dem letzten großen Dorf am Ende des Tals. Der Weg dorthin führte über weite offene Mat-

ten mit herrlichen Blicken hinüber auf die Berge des südlichen Mairatals. Wir entscheiden uns für den direkten Weg nach Acceglio. Diese Entscheidung ist ein Fehler, denn der Abstieg ist so steil, dass Susanne am nächsten Tag einen solchen Muskelkater hat, dass sie sich kaum noch bewegen kann.

Als wir durch die Gassen laufen, beginnt es zu regnen. Susanne und ich schauen uns an – und Minuten später stehen wir in der Rezeption eines kleinen Hotels und nehmen ein Zimmer für die Nacht. Während Susanne und Silja duschen, liege ich auf dem Bett und schaue hinaus. Es regnet stark und ich klopfe mir auf die Schultern – gut gemacht, Rosenboom. Das Abendessen ist fantastisch und Silja genießt die Kinderfreundlichkeit italienischer Lokale.

Frau Haimerl und Bobo, der Siebenschläfer

Der Weg aus Acceglio heraus führt entlang bunter Wiesen, wie wir sie heute gar nicht mehr kennen: Blumen in allen Farben, hier blüht alles bis zur Erschöpfung. Wir machen Rast in Chialvetta, einem kleinen und erstaunlich lebendigen Dorf. Silja fragt uns: »Wollt ihr bei Frau Haimerl einkaufen?« Haimerl ist der kleine Einkaufsladen bei uns zu Hause im Dorf. Bei jeder sich bietenden Gelegenheit eröffnet Silja einen Laden und verkauft gepflückte Blumen oder Stöcke oder was sie noch so findet. Natürlich braucht sie dazu »Einrichtungsgegenstände«.

Also benötigt sie bei jeder Pause unser Kochgeschirr und so manch anderes Teil aus den Tiefen meines Rucksacks. Ich gebe ihr, was sie braucht und packe den Rucksack am Ende jeder Pause neu. Das trainiert.

Pratorotondo, das nächste Dorf am Weg, liegt bereits auf 1640 Metern Seehöhe. Die Steine sind alt, die Menschen auch, freundliche Blicke folgen Susanne und Silja, als wir durch eine Gasse gehen. Schafe blöken wild und auf alten Steinmauern huschen Eidechsen schnell von Loch zu Loch. Die Zeichen der Zivilisation verlieren sich, wir gehen durch Wald und genießen Ausblicke auf hohe Berge, parallel zum Weg plätschert ein Bach. Nach der Pause laufen wir nun schon wieder zwei Stunden, und so halte ich Ausschau nach einem guten Lagerplatz für die Nacht.

Am flachen und ebenen Ufer des Bachs werde ich fündig, schnell steht das Zelt, es sieht nach Regen aus. Silja schnappt sich meine Stöcke und geht noch mal auf Tour, sie entfernt sich immer weiter, ihr Radius wird größer und größer. Für sie ist das selbstverständlich. Für uns gar nicht so … Als sie hinter der Biegung des Baches verschwindet, setze ich nach. »Papa, fang mich doch!«, fordert sie mich auf und rennt lachend weiter. Unter dem Arm eingeklemmt, kitzle ich den Ausreißer erstmal durch, dann klettern wir an einem kleinen Felsen herum und gehen schließlich zurück zum Zelt.

Wir essen Käse aus Acceglio und kochen Nudeln mit Bolognese-Soße. Silja ist erschöpft. Während Susanne ihr noch eine Geschichte von Bobo, dem Siebenschläfer vorliest, mache ich mich auf den Weg, um in der Abenddämmerung zu fotografieren. Ich gehe einen Teil des Wegs unserer morgigen Etappe und erreiche nach circa einem Kilometer eine weite Ebene. Da sind sie zu sehen, die Zeichen einer furchtbaren Zeit hier im Mairatal. Zerschossene Ruinen, Bunker und Militäranlagen, Bilder eines sinnlosen Krieges zwischen Frankreich und Italien. Mich überkommt Beklemmung. Ich gehe zurück zu Susanne und Silja und krieche leise ins Zelt und in meinen Schlafsack. Die beiden schlafen bereits und sammeln Kräfte für morgen.

Mumsi und der Geier

Der Aufstieg zum Gardettapass, dem Übergang auf die große Ebene, ist mühsam. Nur im langsamen Rhythmus ist das Gewicht des Rucksacks gut zu tragen. Wir steigen weiter und immer häufiger ertönt der schrille Schrei beunruhigter Murmeltiere. Silja ist begeistert: »Ich will zu den Mumsis!« Wir gehen vorsichtig näher, doch immer huschen die Tiere in ihre sicheren Erdgänge. Als Silja in der Kraxe schläft, stolpern wir natürlich fast über ein völlig unerschrockenes Exemplar. Unbeweglich starrt es uns an. Wir starren zurück und überlegen, Silja zu wecken, doch sie schläft gerade so fest und sie kann die Erholung

gebrauchen. Außerdem können wir mit einer schlafenden Silja besser in unserem Rhythmus bleiben. Als wir uns wieder in Bewegung setzen, verschwindet das Murmeltier in seiner Höhle, Silja schläft noch eine Stunde tief und fest.

Der Ausblick vom Pass hinunter auf die Ebene ist grandios. So ein weiter, nicht von Bergen verstellter Blick ist in den Alpen einfach ungewöhnlich. Ungefähr in der Mitte des Plateaus liegt die Gardetta-Hütte, das Ziel unserer Mittagsrast. Die Hütte wurde aus den Ruinen alter Militäranlagen errichtet. Ihre Lage ist einfach fantastisch, doch jetzt im Mai ist sie noch verschlossen. So ziehen wir nach der Pause weiter, um einen Platz für unser Zelt zu finden. Wir laufen nur noch eine halbe Stunde und errichten dann auf einer blühenden Wiese unsere eigene »Hütte der Gardetta«.

Ganz in der Nähe spielen Murmeltiere und auf einmal rauscht ein Geier flach über den Boden. Schreie und wirbelnder Sand, die Murmeltiere sind schnell genug. Diese Szene ist sehr beeindruckend. Silja lässt sich immer wieder versichern, dass den kleinen Murmeltieren nichts geschehen ist. Dann kommt sie auf die Idee, Mumsi und Geier zu spielen. Wer jetzt hier den Geier spielen muss, ist natürlich klar. Motiviert übernehme ich meine Rolle. Susanne ist also Mama-Mumsi und Silja natürlich Baby-Mumsi, ich fliege los, imitiere verblüffend echt den Geierschrei und bin richtig stolz auf meine Darbietung. Ich ent-

reiße Mama-Mumsi das Baby-Mumsi und fliege davon, wieder auf meinen Felsen. Statt Begeisterungsstürme zu ernten, halte ich ein jämmerlich weinendes Kind in meinen Fängen. Silja ist völlig aufgelöst, meine wohl etwas übermotiviert gespielte Rolle hat ihr Angst gemacht, zumal Susanne, immer noch etwas behindert durch ihren Muskelkater, Baby-Mumsi nicht wirklich helfen konnte. Wir rücken ganz eng zusammen und bald hat sich Silja wieder beruhigt. »Papa, machst du bitte nicht mehr den Geier!« Ich verspreche es beim großen Geier-Ehrenwort. Als Silja schon schläft, geht über der La Meja, dem Matterhorn der Maira-Berge, der Mond auf. Gelb und groß steht er hoch oben über unserem Zelt.

Die Königin im Mairatal

Am Morgen wieder Nebel. Von der La Meja und den anderen Bergen ist nichts zu sehen. Es ist kalt und still. Nur ein leises Jammern. Silja – ihre Hände sind klamm. Irgendwie passt es für sie gerade gar nicht. Die Szenerie ist geheimnisvoll und still, kein Luftzug, keine Bewegung, der Weg verliert etwas an Höhe und steigt nach dem Pass del Preit wieder an. Nun befinden wir uns schon am Fuße der 2831 Meter hohen La Meja. Ich ziehe Silja noch eine dickere Jacke über, in der Kraxe kann sie sich ja nicht besonders gut warm halten. Nun beginnt es auch noch zu regnen und alles wird etwas unangenehm.

»Wir müssen jetzt sehr bald einen Lagerplatz finden!« Susannes Aussage ist klar und lässt keinen Spielraum für Diskussionen. Vorbei an Altschneefeldern stochern wir durch den Nebel und entdecken einen geeigneten Platz. Von der Umgebung sehen wir nicht viel – dichter Nebel hüllt uns ein. Wind kommt auf, das Zelt beginnt zu flattern – eigentlich ein gutes Zeichen, denn nun kann der Nebel sich verziehen. Doch der Wind bringt dicke schwarze Regenwolken und wenig später prasselt Regen auf das Zelt. Das Wetter wird immer heftiger. Stehen wir vielleicht zu ausgesetzt? Habe ich alle Sturmleinen richtig fixiert? Kann das Zelt über uns zusammenbrechen? Mit Kind ist ein solches Szenario ganz unvorstellbar. Silja hat schon so einige Stürme im Zelt erlebt, sie ist ruhig und will unbedingt noch die Geschichte von Bobo im Krankenhaus hören, dann schläft sie ein. Ich öffne den Reißverschluss des Zeltes und da steht sie: La Meja, die Königin im Mairatal. Die Gipfelregion noch von Wolken umspielt, zeigt sie sich uns in voller Pracht – ein wirklich wundervoller Berg!

Schroffe Felsen, sattes Grün

Vorbei an der Becco Grande erreichen wir den Ancoccia-Pass und steigen dann, zum Teil unangenehm über Altschneefeldern, hinab ins Val Marmora. Die Gegensätze sind extrem. Sind wir eben noch durch karge Steinlandschaften gewandert, überrascht uns nun das satte Grün der Lärchen. Am Lago Resile

finden wir in einem lichten Wald einen Traumplatz für unser rotes Haus. Das finden auch die
Mücken, und so verspeisen wir unser Mahl hinter
dem sicheren Moskitonetz und machen noch eine
Menge Quatsch in unseren »vier Wänden«.
Der weitere Weg führt durch große alte Lärchen-
wälder. Susanne tritt fast auf eine Aspisviper. Diese Giftschlange lebt bevorzugt in diesen trockenen
und buschigen Lebensräumen. Kurz wird der Blick
frei auf den Monviso, den höchsten Berg im
Piemont. Er wirkt zum Greifen nah. Es wird warm,
es wird heiß, zum Glück verläuft der Weg zum größten Teil im Schatten. Am Nachmittag erreichen wir
Arata, einen kleinen Weiler oberhalb des Marmora-
tals. Brech dal Vern: Von außen wirkt der Hof alt und
etwas heruntergekommen, innen erwartet uns eine
wunderbare Herzlichkeit und köstliches Essen, ge-
zaubert von Giorgina, der etwas herben, aber sehr
besonderen Wirtin des Hauses. Später, beim Spaziergang hinaus auf die Wiesen, werden wir begleitet
von dem alten Collie, einer echten Persönlichkeit.
Der Collie führt uns auch sicher zurück und wir schlafen wie die Steine in den weichen Betten.
Von Arata geht es nach San Giovanni. Was auf der
Karte nach einer entspannten Etappe aussieht, ent-
puppt sich im Laufe des Tages als echte Strapaze.
Schon am Morgen in Arata ist es warm, doch bis wir
mit dem Frühstück fertig sind und unsere Sachen
gepackt haben, ist es 11 Uhr und aus der Wärme ist

eine schwüle Hitze geworden. Silja sitzt unter dem
Sonnenschirm in ihrer Kraxe und döst, Susanne und
ich schwitzen wie die Pferde, so viel und so schnell
können wir gar nicht trinken. An jedem Baum, der
Schatten spendet, machen wir eine Pause, Silja wirkt
schon etwas lethargisch. »Wie geht's dir, Mumsi?«,
frage ich und bekomme ein Lächeln zur Antwort. Ich
glaube, Silja ist gerade ganz woanders. Ich überlasse
sie ihren Tagträumen und wir laufen weiter. Canosio
wirkt etwas verloren, niemand ist auf den Gassen,
die Menschen warten auf die Kühle des Abends.

Eis mit ohne Mandeln

Noch eine kleine Pause, der letzte Apfel und dann
beginnt der Aufstieg nach San Giovanni. Wir folgen
nicht der Straße, sondern nehmen den alten Esel-
weg hinauf zu dem kleinen Weiler und der imposan-
ten Kirche, oben am Ende der Straße. Die Luft ist
zum Schneiden, Schweiß brennt mir in den Augen,
endlich ein Brunnen und wir trinken bis zum Umfallen.
Silja will aus der Kraxe heraus, doch wir wollen diese
Etappe jetzt zu Ende bringen und überreden sie mit
Hilfe kleiner, bunter Gummibärchen zum Durchhalten.
Pädagogisch natürlich nicht sehr wertvoll, aber das
muss jetzt sein. Die Hitze macht Denken fast unmöglich, Geduld wird zum Fremdwort.
Wir erreichen das erste Haus, Hunde bellen, dann
sehen wir den großen Kirchbaum und La Sereziero,
ein Agriturismo mit einladender Terrasse zum Verwei-

len. Das tun wir natürlich. Ich brenne vor Vorfreude auf ein eisgekühltes Bier. »Mama, ich will ein Eis mit ohne Mandeln!«, fordert Silja. Wir fordern diesmal nicht das Zauberwort mit »b« und zwei »t« sondern bestellen pronto bei der Wirtin Graziana ein Eis. Nach einer Stunde Ausruhen im Schatten meint Susanne: »Warum bleiben wir nicht einfach hier und nehmen uns ein Zimmer? Soll ich Graziana fragen?« Mein Widerstand ist gering, zumal Silja schon längst mit David, dem Sohn des Hauses, zum Spielen verschwunden ist. Eigentlich wollten wir oben am Pass von Canosio zum letzten Mal auf dieser Reise unser Zelt aufschlagen, doch jetzt haben wir ein Zimmer für die Nacht. Abgesehen davon liegt der Hof grandios über den Tälern Marmora und Preit, ein wunderbarer Ort, um die Erlebnisse der letzten Tage in Ruhe Revue passieren zu lassen.

»Papa, die kleine Lisa hat ein Aua am Auge.« Silja hält mir eine winzige Katze entgegen, ich nehme dieses Wollknäuel in die Hand und weiß auch nicht so recht, was ich tun soll. Da kommt David und nimmt sich der kleinen Lisa an. Auf Italienisch erklärt er mir sein Vorhaben und ich nicke einfach. Vor der nächsten Italienreise muss ich unbedingt etwas für meine Sprachkenntnisse tun.

Am Abend kommt Davids Vater und trägt einen Fernseher auf die Terrasse. Neugierig verfolge ich sein Treiben und wenig später lädt er mich ein zur Partie Deutschland gegen Polen. Es ist Fußball-WM und so verbringen wir den Abend alle gemeinsam auf der Terrasse. Fußball ist tatsächlich völkerverbindend. Als der Fernseher aus ist, sitze ich mit Susanne auf der Terrasse und die Grillen spielen ihr zauberhaftes Lied zur Nacht. Maira – ein altes Tal, vergessen und doch wieder voller Leben, man muss nur etwas Zeit haben und etwas genauer hinschauen.

Wir laufen still in unserem Rhythmus, die Landschaft ist voller Magie.
Der Nebel gibt den Blick auf die Berge des Mairatals noch immer nicht frei.

Sind wir eben noch durch karge Steinlandschaften gewandert, überrascht uns nun das satte Grün der Lärchen. Am Lago Resile finden wir in einem lichten Wald einen Traumplatz für unser rotes Haus.

8 | **Padjelanta**

Reise zu den Wassern im Land dort oben

Unser Boot ist rot. Wir paddeln, paddeln, paddeln … Der Himmel ist unendlich, wir spüren die Weite und die Einsamkeit. Eine große Stille begleitet uns, unfassbar. Wie kann eine solch gewaltige Natur nur so ruhig und bewegungslos sein? Gegen den Strom des Vuojatätno ziehen wir unser Boot auf Seen, die glatt wie Spiegel zwischen Himmel und Erde liegen. Eistaucher rufen klagend und begleiten uns auf dem Weg zum Virihaure. Der See unserer Sehnsucht.

Unsere bisherigen Reisen als Familie haben wir zu Fuß, mit Schneeschuhen und Pulka oder mit Rosa, dem Muli, unternommen. Nun ist Silja drei Jahre alt und langsam zu schwer für die Kindertrage, also wollen wir es in diesem Sommer mit einem Boot wagen. Und wir wollen einsam sein, Stille, Weite und Wildnis erfahren. So entscheiden wir uns für schwedisch Lappland, da man in näher gelegenen Gebieten im Sommer kaum einsame Seen findet. Und außerdem sind die Seen des schwedischen Padjelanta-Nationalparks nicht mit dem Auto zu erreichen. Für drei Bewohner der Bayerischen Alpen ist Lappland nicht das nächstgelegene Reiseziel. So fahren wir lange – durch unsere Heimat, durch Dänemark, durch endlose Wälder und Felder …

Endlich wird der Blick weit

Ab und zu öffnet sich der Blick schon auf die schwedische Küste und das Meer. Weite, Weite, Weite. Unsere Augen werden langsam müde davon. Und wir fragen uns allmählich nach dem Sinn der Reise. Doch ich habe ein Bild vor Augen: ich sehe uns schon auf dem silbernen Wasser, unser Boot gleitet in grenzenlose Räume, ich schmecke den Fisch und spüre den Wind im Gesicht. Am Abend des vierten Tages erreichen wir Jokkmokk. Wir sind etwas enttäuscht von der Übersichtlichkeit dieser »Metropole des Nordens«, doch wir sind glücklich, fast am Ziel zu sein. Von Jokkmokk brechen wir auf zur letzten

Etappe nach Ritsem, am Ende der langen Schotterpiste, immer entlang des Stora Sjöfallet Nationalparks und des großen Akkajaure. Ab Vietas öffnet sich endlich der Blick, alles wird weit, Gletscherberge und Wasser bis zum Horizont.

In Ritsem beginnt es zu regnen. An der kleinen Rezeption der Fjällstation nehmen wir uns wetterbedingt ein Zimmer mit Blick auf den See und das Akkamassiv. In aller Ruhe packen wir unsere Ausrüstung für die nächsten vier Wochen zusammen, und für das eine oder andere Ausrüstungsteil kommt jetzt noch das überraschende Aus. Ab und zu schweift unser Blick hinaus über den See. Dort drüben liegt das Ziel, das wir erreichen wollen. Noch hängen die Regenwolken wie ein Vorhang vor der großen Kulisse.

Bei unseren bisherigen Reisen ging es immer darum, jedes Gramm an Ausrüstung zu sparen. Dieses Mal haben wir aber viel Gepäck. Ein Faltboot, ein Zelt, Bekleidung und Verpflegung für ganze vier Wochen. Zu viel, um es tragen zu können. Deshalb ist unser neuer Plan, die Ausrüstung mit einer »High-End-Sackkarre« bis zum Seeufer im Padjelanta-Nationalpark zu transportieren. Das sind etwa 15 Kilometer zu Fuß.

Der professionelle Abenteuerurlauber …

Überzeugt von unserer Idee starten wir am nächsten Tag bei Sonne und milden Temperaturen, um die Mittagsfähre nach Änonjalme zu erreichen. Ich bin begeistert, das Gepäck sitzt sicher verzurrt auf der Sackkarre, die etwa 50 Kilo lassen sich mühelos bewegen. Die kritischen Blicke der anderen Fjällwanderer nehme ich zu diesem Zeitpunkt nicht wahr. Ich bin hochzufrieden mit mir und lasse keine Zweifel zu. Der Kapitän der Fähre macht mich darauf aufmerksam, dass wir auf dem Weg drüben im Fjäll mit diesem Wagen keine Chance hätten. Ich – professioneller Abenteuerurlauber – nicke höflich, verdamme den Ignoranten innerlich und fiebere schon der nächsten Etappe unserer Reise entgegen. Angekommen in Änonjalme, machen sich die Fjällwanderer auf den Weg und schnell sind wir alleine. Jetzt erkenne ich, dass der Kapitän ein weiser Mann und ich selbst der Ignorant war. Der Wagen ist völlig ungeeignet für dieses Gelände, die Bohlenwege bringen mich zur Verzweiflung. Steine blockieren die Räder und das Gepäck schwankt von einer Seite auf die andere. Und mit jedem Atemzug sauge ich 75 Insekten in Mund und Nase ein. Nach zwei Kilometern bin ich am Ende und schreie auf vor Wut. Soviel zum Thema Abenteuerurlauber… Schließlich finden wir Schutz bei Marianne, der 70-jährigen Wirtin der Akkahütte.

Sie und ihre Hütte sind unsere Rettung. Geschützt vor Mücken und anderen Widrigkeiten, entwickeln wir einen neuen Plan. Wir werden also unsere Ausrüstung in Etappen bis zum Kutjaure tragen. Er ist der erste See, der über den Vuojatätno in Verbindung mit dem Vastenjaure und schließlich mit dem Virihaure steht. Der Virihaure ist das Ziel unserer Reise, er gilt als der schönste See Lapplands. Ich trage den Faltkanadier in einem überdimensionalen Packsack auf dem Rücken, jede Ecke ist ausgestopft mit Teilen der Ausrüstung. Sozusagen als Ausgleich trage ich vorne am Bauch eine wasserdichte Tasche mit nochmals 80 Liter Volumen. So gehe ich etwa drei Kilometer, deponiere die Ausrüstung und kehre zurück zu Susanne und Silja, die geschützt vor den unzähligen Mücken im Zelt auf mich warten. Jetzt heißt es Lager abbauen und die ganze Strecke noch einmal! Susanne trägt Silja in der Kraxe und noch einen Rucksack dazu, sodass auch Susanne mit mindestens 20 Kilo unterwegs ist.

Auf der Hängebrücke über den Vuojatätno begegne ich einer Gruppe Norweger und werde von ihnen mit der charmanten Bemerkung »there is a house coming« fotografiert. Nach drei Tagen fehlen uns noch eineinhalb Kilometer bis zum Kutjaure und wir schlagen unser Lager am Fluss auf. Wir bleiben dort zwei Tage, und wie durch ein Wunder verschonen uns die Mücken – sie mögen den kräftigen Wind nicht. Wir genießen die wieder gewonnene Freiheit, ungestört in der Natur zu sitzen und vor allem Silja ist froh. Für sie waren die Tage im mückensicheren Zelt schwer zu ertragen. Jetzt kann sie ihren großen Bewegungsdrang ausleben.

Geheimnisvolle Wasser

In einer kleinen Sandbucht baue ich unser Boot zusammen. Mit unserer Ausrüstung möchte ich das Faltboot die letzten eineinhalb Kilometer flussaufwärts ziehen, damit die Schlepperei ein Ende hat. Die Strecke bin ich bereits abgelaufen und weiß, dass der Vuojatätno in diesem Bereich eher zahm und ohne große Stromschnellen ist. Dennoch ist das Treideln spannend und an manchen Passagen ist es nur im brusttiefen Wasser möglich, das Boot zu ziehen.

Noch am Abend erreichen wir den Kutjaure und sind erleichtert und glücklich, endlich richtig paddeln zu können. Mit der einen oder anderen Portage und einigen Treidelpassagen erreichen wir den Vastenjaure. Wir bauen unser Zelt auf einer Sandbank auf, erst später entdecken wir auf einer gegenüberliegenden Insel ein totes Rentier. Es kommt uns vor, als wäre es noch stiller als sonst. Diese Stimmung macht uns unruhig. Ich möchte mir das tote Ren gerne aus der Nähe ansehen. Und vielleicht finden sich dort auch Raubtierspuren …

Ich setze mich allein in das Boot und lege ab in Richtung »Toteninsel«. In diesem Moment setzt ein starker Wind ein und ich schaffe es überhaupt nicht, das unbeladene Boot zu manövrieren. Ich kämpfe gegen die aufkommenden Wellen und erreiche nur mit Mühe wieder unsere Sandbank. Ich bin beeindruckt von den Kräften der Wildnis und voller Respekt setze ich mich zu meinen Frauen ans Feuer. Könnte es sein, dass geheime Kräfte nicht wollten, dass ich die Insel betrete, weil ich zu neugierig war? Am Feuer hänge ich diesen eigenartigen Gedanken nach. Wir können lange nicht einschlafen in dieser Nacht. Susanne liest in ihrem Buch, und ich warte auf ein Geräusch in der Stille. Siljas Atem geht ruhig. Dann erlösen mich die Rufe der Regenpfeifer und bringen mir den ersehnten Schlaf.

Der nächste Morgen ist sonnig, ein starkes Hoch liegt über Lappland. Der Vastenjaure zeigt keine Wellen, kein Kräuseln des Wassers – der See liegt da wie ein glatter Spiegel. Unser Boot durchschneidet dieses Bild, wirft einen klaren Schatten auf den Grund. Der See wird immer tiefer und schwärzer. Das Boot gleitet ruhig und sicher dahin, und dennoch wird uns mulmig beim Anblick des tiefen, schwarzen Sees. Eine dunkle Welt, die uns an fabelhafte Wesen erinnert. Mit schnellen Zügen entkommen wir diesen Gedanken und sind zurück am Ufer. Drei Lager weiter erreichen wir den Zufluss des Virihaure. Durch den Höhenunterschied der beiden Seen steht hier noch einmal eine große mühsame Portage vom Vastenhaure in den höher gelegenen Virihaure an. Doch der belohnt uns reichlich: Er ist wunderschön, sein Wasser hat unzählige Blau- und Grüntöne. Durch die tiefstehende polare Sonne wirken die Farben besonders intensiv. Es liegt etwas Feierliches über diesem Wasser. Wir sind angekommen. Wir errichten unser Lager auf einer kleinen Insel. Silja entdeckt Rentiere am gegenüberliegenden Ufer. Vor allem am Abend ziehen kleine Herden vorbei. Mit gesenkten Köpfen streifen sie auf der Suche nach Pilzen über das Fjäll. Sie bemerken uns erst im letzten Moment.

Zu Gast in Richards Land

Susanne und Silja sind schon im Zelt, als ein Motorengeräusch die Stille durchbricht. Ein Boot kommt näher und unsere Idylle scheint bedroht. Richard, ein Sami aus Arasloukta, begrüßt uns herzlich und verwundert zugleich. Wie kommt eine Familie mit Kleinkind auf eine Insel mitten im Virihaure, mitten in der Wildnis von Laponia? Wir sind ebenso erstaunt: Wo kommt er denn her? Er begutachtet unser faltbares Boot, hört sich unsere Geschichte an und lädt uns in sein Dorf ein. Später werden wir sagen, dass wir Richard begegnen sollten, dass er bereits auf uns gewartet hätte. Nichts ist zufällig, alles passiert, weil es passieren muss. Den Geschmack seiner Fische habe ich noch heute auf der Zunge.

Vor der Begegnung mit Richard hatten wir überlegt mit dem Hubschrauber von Staloloukta zurück nach Ritsem zu fliegen, immer noch beeindruckt von den Mühen des Anmarsches und den hinterhältigen Stechmücken in den tiefer gelegenen Waldregionen. Doch die liebevollen Beschreibungen Richards über sein Land und über die Arbeit mit den Rens haben

uns noch mehr beeindruckt. Selten bin ich einem Menschen begegnet, der so begeistert, mit voller Freude und Leidenschaft und mit glänzenden Augen erzählt. Nun ist es undenkbar, sich mit einem Hubschrauber aus diesem fantastischen Lebensraum rauskatapultieren zu lassen. Unser Rückweg mit dem roten Boot beginnt.

Am letzten Abend am Virihaure sind wir schwermütig. Wir haben den See noch nicht verlassen und sind schon jetzt voller Sehnsucht. Eistaucher rufen klagend ihr Lied – passend zu unserer Stimmung. Doch es ist kein Abschied, es ist ein Anfang unter Nordstern und Polarlicht. Ich bin dankbar für diese Reise, für jede Reise, die wir als Familie erleben. Ich staune über unsere Gesichter, die sich jeden Tag unter einem neuen Himmel verändern. Zweifel, Widerstände – ich bin froh darum. Und ich vertraue darauf, dass jeder Aufbruch auch ein Ankommen hat.

Richard, ein Sami aus Arasloukta, begrüßt uns herzlich und verwundert zugleich. Wie kommt eine Familie mit Kleinkind auf eine Insel mitten im Virihaure, in der Wildnis von Laponia?

Ich bin dankbar für diese Reise, für jede Reise, die wir als Familie erleben.
Ich staune über unsere Gesichter, die sich jeden Tag unter einem neuen Himmel
verändern.

9 | Oder zum Meer

Mit dem Fahrrad entlang der Oder bis zum Stettiner Haff

»Wo sind denn hier die Berge, Papa?« Silja ist erstaunt über dieses platte Land, und auch ich bin mir nicht sicher, wie es so ganz ohne Berge sein wird. Wir sind in der Uckermark, in der »Toskana des Nordens« oder im »Wilden Osten« der Republik. Wie auch immer man diese Landschaft nennen mag, wir sind hier, weil sie flach ist. Dies wird die erste Reise mit dem Fahrrad, und da Silja auch selbst strampeln soll, musste das Höhenprofil gegen null gehen. Der erste Anblick ist allerdings wirklich sehr flach – naja, mal sehen …

Wir verbringen die erste Nacht auf einem Campingplatz am Ufer der alten Oder, heute nur noch ein
träge fließender Seitenarm des Hauptflusses. Es ist
schwül und sieht nach Gewitter aus. Das Gewitter
kommt – und zwar mächtig. Ein paar heftige Donner-
schläge, dann beginnt es zu schütten.

Auf unseren bisherigen Reisen haben wir noch nie
ein solches Gewitter erlebt, das ist selbst für Silja
zuviel. Sie verkriecht sich unter die Schlafsäcke, wir
kuscheln uns zusammen. »Mama, ich hab Angst!«
Silja weint. Und dann schläft sie vor Aufregung ein.
Dieses Phänomen haben wir schon einige Male bei
ihr beobachtet. Ob andere Kinder in Stresssituatio-
nen auch so reagieren, wissen wir nicht. Eigentlich
ist es eine ganz gute Taktik.

Auf einmal beginnt der Zeltboden zu schwabbeln,
Wasser sammelt sich unter uns, im Vorzelt schwim-
men unsere Töpfe. Wie ein Wilder beginne ich zu
schöpfen, in der Hoffnung auf ein trockenes Innenzelt. Gerade kurz vor dem »Überlaufen« lässt der
Regen nach und wenige Minuten später sinkt der
Wasserspiegel. Puh, das war knapp, barfuß gehe
ich hinaus, und auch die anderen Camper begutach-
ten die Lage.

Später erfahren wir, dass ganz Frankfurt an der Oder
»abgesoffen« ist und wir eigentlich noch Glück hatten. Jedenfalls ist das ein ziemlich beeindruckender
Beginn unserer Reise entlang der Oder bis zum
Stettiner Haff. Was werden wir hier noch erleben?

Im Land der Störche

Mit der Sonne im Rücken radeln wir auf dem Deich,
der das Land an der Oder vor Überschwemmungen
schützen soll. Früher war diese Region nicht be-
wohnt, erst der »alte Fritz« ließ die Sumpfgebiete
trockenlegen und es entstanden kleine Dörfer und
Weiler. Dennoch ist dieser Landstrich bis heute der
am dünnsten besiedelte in der ganzen Republik. Und
auch auf dem Deich sind wir ziemlich allein. Unbe-
sorgt können wir Silja strampeln lassen. Hier auf der
Deichkrone verläuft nur ein schmaler Radweg. Fast
die gesamte Strecke bis zum Meer haben wir keinen
Kontakt mit Autos. Das entspannt die Situation für
Silja sehr, denn mit vier Jahren hat sie natürlich im
normalen Straßenverkehr noch nichts verloren. Die
Oder fließt schnell und drüben ist schon Polen. Auf
den Polderwiesen, das sind die Überschwemmungs-
wiesen, stehen Störche, Weißstörche. Bei uns wäre
das eine kleine Sensation, aber hier haben diese
stattlichen Vögel seit eh und je ihre Heimat.

»Papa, ich bin erschöpft, ich will an die Stange.«
Silja ist circa eine Stunde gestrampelt, doch jetzt
will sie an die Verbindungsstange an Mamas Fahrrad. Diese Konstruktion ist genial, man hebt einfach
das Kinderfahrrad vorne an und befestigt es mit einer
beweglichen Stange am Sattelrohr des großen Fahr-
rads. Nun kann Silja die Fahrt einfach genießen oder
sie tritt mit, je nach Lust und Laune. Nur einschlafen
darf sie auf dem Sattel nicht.

Wir erreichen das kleine Dorf Kienitz, und am Oder-hafen gibt es ein Café – unser Café. Wir bestellen uns zwei Radler und für Silja ein Eis. Das mit dem Eis ist kein Problem, aber Radler gibt es hier nicht. Wenn, dann ist das hier ein Alsterwasser mit weißer Limo oder mit gelber, aber dann heißt das schon wieder anders … Jedenfalls bekommen wir unsere Getränke und sind glücklich. Eigentlich sind wir auch schon etwas geschafft von diesem ersten Tag an der Oder und so beschließen wir, unser Zelt im Gar-ten der Hafenkneipe aufzuschlagen. Es gibt einen schönen Kinderspielplatz, eine Toilette und den obli-gatorischen Storch auf dem Dach. Silja ist happy. Das kleine Baumhaus hat sie seit einer Stunde nicht verlassen. Natürlich hat sie die Gelegenheit genutzt und einen Laden eingerichtet, wir werden zum Ein-kaufen erwartet. »Die Milch schmeckt gut geeutert.« Silja zieht alle Register, um ihre Ware an den Mann zu kriegen.

Es riecht gut aus der Kneipe, zwei Blicke klären die Situation und wenig später sitzen wir am runden Tisch und ordern deftige Speisen. Silja bekommt Malstifte von der netten Wirtin. Diese erzählt uns auch gleich ein wenig vom Leben an der Oder: von den Mückenschwärmen im letzten Jahr und vom Wasser im Keller und von dem Biber direkt gegen-über am anderen Ufer. Nach dem Essen sitzen wir am Deich und halten Ausschau nach dem scheuen Nager. Wir sehen ihn leider nicht, müde werden wir

trotzdem. In der Nacht beginnt es wieder zu gewit-tern, doch lange nicht so heftig wie am ersten Tag unserer Reise.

Kraniche und Camilla

Am Morgen scheint die Sonne. Der Storch klappert, die Ablösung kommt, ein kurzes Schnäbeln und dann setzt sich Papa Storch auf die Eier und Mama Storch fliegt zu den Fröschen. Es wird warm. Silja ist nicht so guter Dinge, schon gestern wirkte sie etwas schlapp und angegriffen. Susanne hängt sie an die Stange und die Stimmung steigt, wenig später höre ich die zwei singen – das ist immer ein gutes Zeichen. In Großneuendorf bildet die Oder ein kleines Rück-laufbecken, jetzt geht es ins Wasser, Silja ist nicht mehr zu halten. Sie kann zwar noch nicht schwim-men, stürzt sich aber hemmungslos in die Fluten. Sie hüpft ohne Pause, wir machen Wasserengel, hundert Mal und schon bald fallen mir die Arme ab. Eine große Schafherde kurz hinter dem Dorf zwingt zur nächsten »Reiseunterbrechung«, aber zum »Schauen« sind wir ja da. Silja möchte die Schafe gerne füttern, doch die stehen ja mittendrin im saf-tigen Gras und ignorieren Siljas Bemühungen. Ein bisschen frustriert gibt die Kleine auf und wir radeln weiter.

Die Landschaft wirkt gerade etwas monoton und ich gerate auf dem Fahrrad in einen dösigen Zustand, als mich auf einmal ein Geräusch wachrüttelt. »Da rufen

Kraniche!«, stelle ich erfreut fest. Mit dem Fernglas können wir die etwa 20 Tiere auf einer gemäh-
ten Wiese entdecken. Das ist das eigentlich Faszinierende an dieser Landschaft: das Nebeneinander
von Mensch und Natur, ein Raum, in dem beide
miteinander sein können.

Es ist viel zu früh, um nach einer Übernachtungs-
möglichkeit Ausschau zu halten, als wir an dem alten Backsteinhof vorbei radeln. Aber schon oft sind
wir auf unseren Reisen Plätzen begegnet, an denen
wir verweilen mussten, einfach weil sie so eine besondere Ausstrahlung hatten. Dies ist so ein Ort,
also radeln wir auf den Hof und begegnen Camilla.
Camilla ist sieben Jahre alt und hat ein wirklich ein-
nehmendes Wesen, und noch bevor wir Camillas
Mutter fragen können, ob eine Übernachtung im
Garten möglich ist, sind Camilla und Silja schon verschwunden. Katrin, die in dem alten Hof eine Kera-
mik-Werkstatt eingerichtet hat, zeigt uns eine Ecke
im Garten, die wir heute Nacht nutzen dürfen und
so bauen wir in Ruhe unser Zelt auf.

Auf einmal hören wir Silja fürchterlich schreien und
weinen. »Die Mama hat mich gebissen!« Ich bin
etwas irritiert, Katrin wirkte eigentlich nicht bissig.
Erst als Silja sich beruhigt hat, kann sie die Situation
aufklären. Die beiden Mädchen haben die kleinen
Hasen gestreichelt und scheinbar wurde es dann
einer Hasenmama zu bunt und sie hat Silja in den
Finger gebissen. Camillas Grimassen bringen Silja

aber schnell wieder zum Lachen, und das Pflaster
ist auch noch Rosa! Camilla und Silja sind unzertrennlich und Silja ist sichtbar entzückt. Natürlich fragen
wir uns immer wieder, ob wir ihr durch unsere Reisen
zu viel nehmen. Ist es gut, wenn sie neue Kontakte
knüpft und wir dann gleich weiterziehen? Vielleicht
wäre es besser, sie könnte zu Hause mit ihren Freunden Leno und Hannes spielen, in einem vertrauten
Umfeld. Doch wenn ich dann sehe, mit welcher
Offenheit sie unbekannten Menschen und Kindern
begegnet, Menschen, die ihr gefallen, bei denen sie
ein gutes Gefühl hat, dann bin ich mir ganz sicher,
dass wir auf dem richtigen Weg sind.

Gedanken eines Vaters... Hier kommt die Realität:
Silja schreit schon wieder, wir springen auf und
können gerade noch sehen, wie sie vor einem wild-
gewordenen Ganter flüchtet. Wild fauchend setzt
diese unerschrockene Riesengans unserer Tochter
nach, so schnell habe ich Silja noch nie laufen gesehen. Eigentlich ist das eine Szene zum Lachen, aber
ich kann mir natürlich vorstellen, wie der kleinen Silja
zumute ist. Doch Camilla stellt sich dem Ganter
selbstbewusst in den Weg, dieser geht in die Eisen –
offenbar hat ihm Camilla schon häufiger die Leviten
gelesen. Silja kann sich schnell beruhigen, zumal sie
und Camilla nun ein neues Spiel entdeckt haben:
Ganter jagen! Gänse scheuchen macht hungrig und
so läuft schon bald der Gaskocher und die Nudeln
werden weich. Katrin bringt uns frische Erdbeeren

mit Griesbrei, setzt sich zu uns und erzählt, wie sie diesen Hof, ihren Hof, gefunden hat. Wieder spüren wir, wie richtig es war, den Tag so früh zu beenden.

»Die fressen uns ja auf!«

Am Morgen regnet es. Camilla ist in der Schule und Silja ist traurig. Im Dauerregen erreichen wir Schwedt, die größte Stadt an der Oder und wirtschaftliches Zentrum dieser Region. Doch wo baut man hier sein Zelt auf? Der Schwedter Paddelclub ist unsere Rettung, denn um noch aus der Stadt raus zu fahren, um irgendwo an der Oder zu zelten, dafür ist es bereits zu spät. Außerdem müssen wir einkaufen, unsere Vorräte sind erschöpft. Susanne und Silja beobachten Babyenten und ich radle ohne Gepäck in die Stadt zum Großeinkauf. Als ich zurückkomme, schwelgen wir in frischem Gemüse, Brot, Käse und anderem feinen Seelenfutter. »Papa, dich kann man schicken«, ist Siljas Kommentar zu unserer Brotzeit.
Hinter Schwedt durchradeln wir den Nationalpark Unteres Odertal, eine sehr spannende und vor allem lebendige Landschaft. Hier sind unzählige Vogelarten zu Hause, seltene wie die Brachvögel und Seeadler oder die in großen Kolonien lebenden Lachmöwen. Auch Wölfe durchziehen angeblich ab und an diese Wildnis. Und in dem angrenzenden Biosphärenreservat Schorfheide-Chorin lebt wieder ein Rudel Wölfe, lese ich in unserem Führer. Gerade dieser Teil unserer Fahrt entlang der Oder macht Lust auf eine

Paddeltour durch die dichten Urwälder, die mit dem Fahrrad nicht zu erreichen sind. Ich denke, wir müssen noch einmal wiederkommen.
Hinter Gartz geht es überraschenderweise etwas bergauf, der Dachsberg hat immerhin 40 Meter Höhe über normal Null! Der Berg ist dann auch nicht das Problem, es sind die Mücken, die sich hier im Wald auf uns stürzen. Susanne ist total genervt: »Die fressen uns ja auf!« Und auch ich weiß nicht, wo ich zuerst hinschlagen soll. Silja schreit. Kein Wunder – sie hat schon lauter Stiche im Gesicht. »Wir müssen hier raus!«, rufe ich. Eine wahre Erkenntnis. Auf diese Idee wäre Susanne nicht gekommen…! Die Stimmung ist gereizt. Ich schiebe Silja an. Als es wieder bergab geht, sind wir zu schnell für die lästigen Blutsauger. Wir erreichen Mescherin mit einem kleinen feinen Zeltplatz und Biberblick.

»By the Rivers of Babylon«

Hinter Mescherin verlässt der Radweg die Oder, der Fluss fließt nun komplett auf polnischer Seite und erreicht nach 25 Kilometern Stettin. Wir biegen ab in Richtung Westen, Penkun heißt für heute unser Ziel. Als wir den Ort im Regen erreichen, ist kein Mensch auf der Straße. So wie hier haben wir es in den meisten Dörfern erlebt. Sie wirken verschlossen und abweisend, kein Blick ist möglich in Haus und Garten. Überbleibsel einer Zeit, in der keiner dem anderen trauen wollte? Doch in Wirklichkeit sind

Camilla und Silja sind unzertrennlich. Natürlich fragen wir uns immer wieder, ob
wir ihr durch unsere Reisen zu viel nehmen. Ist es gut, wenn sie neue Kontakte
knüpft und wir dann gleich weiterziehen?

die Menschen hier offen und herzlich, so auch die Wirtsleute des kleinen Hotels in der Altstadt von Penkun. Wir haben ein Zimmer für die Nacht, einen Zeltplatz gibt es nicht am Ort und außerdem regnet es noch immer heftig. Nach dem feinen Essen liegen wir im Bett, es prasselt auf das Dachfenster und der Fernseher läuft. In der Jaudenmühle haben wir kein TV und so nutzen wir die Gelegenheit, mal zu sehen, was die Nation so bewegt. Spätestens als Hape Kerkeling mit Katja Epstein über den Bildschirm tanzt, wissen wir, dass es auch in Zukunft ein Leben ohne Fernseher geben kann.

Nur wenige Minuten nachdem wir am Hotel gestartet sind, zieht uns ein ungewöhnlicher Klang auf den Hof des Penkuner Schlosses: ein großes Treffen der Schalmeien-Kapellen aus der ganzen Region. Ein skurriles, liebenswertes Bild und der Geruch nach Bratwurst. »Mama, ich will eine Wurst mit ohne Ketschub«, ordert Silja. Sie ist wild entschlossen, so eine original Penkuner Wurst zu verspeisen. So mischen wir uns unters Volk und staunen über eine Band, die »Rivers of Babylon« spielt, über Feuerwehrleute in Uniform, die Kinderkarussell fahren und über mächtige Schweine, die sich am Spieß drehen.

Viel Raum für Alternativen

»Zaubermondhof« heißt das Kontrastprogramm, das wir in Blankensee kennen lernen. Wir begegnen Jens, der diesen Hof nach der Wende gekauft hat, getra-gen von der Vision, einen Ort zu schaffen, wo er seine Ideen verwirklichen kann. Jens hat in Dresden mit Jugendlichen gearbeitet und bietet nun hier auf seinem Zaubermondhof Verlierern der Gesellschaft die Chance auf Achtung und Anerkennung. Die Jugendlichen arbeiten in der Landwirtschaft oder helfen bei der Restauration der alten Gebäude. Resozialisierung unter realen Bedingungen.

Als Ausgleich leben noch 20 Huskys, Hühner, Ziegen und 30 »Problempferde« auf dem Hof. Die Winter hier sind kalt, dann ist Jens unterwegs mit seinen Hunden im stillen Grenzgebiet ganz am Rand unserer Republik. Wir sind beeindruckt von einem Menschen, der so ungewöhnliche Wege geht und dabei so sehr bei sich bleibt. Silja kann sich von den Babykatzen gar nicht mehr lösen, wir fahren schweren Herzens weiter. Die Landschaft hat sich verändert, es ist nicht mehr ganz so flach, leicht hügelig, und man denkt nun tatsächlich an die Toskana. Mohn blüht, wie ich ihn noch nie gesehen habe, Kornblumen mischen sich unter das kräftige Rot – Farben, die es auf unseren kultivierten bayerischen Wiesen und Feldern gar nicht mehr gibt.

Durch lichte Kiefernwälder radeln wir zum Meer, jetzt ist es nicht mehr weit. Eine Rothirschkuh wechselt vor uns über den Waldweg, Farne stehen im satten Grün. Dann sind wir in Rieth, schon am Meer – oder fast, denn der kleine Ort liegt am Neuwarper See, eine Art Salzwasserlagune mit Zugang zum Stettiner

Haff. Wir schlafen im Garten der alten Schule, Bienen summen über uns in den blühenden Obstbäumen und nach einem Spaziergang entlang der alten Backsteinhäuser schlafen wir ausgezeichnet und vor allem lange! Frühstück bekommen wir von der zurückhaltend freundlichen Besitzerin der alten Schule. Da sie Ernährungsberaterin ist, wird dieses Frühstück das beste auf unserer Reise.

Wimpel im Wind

Wieder geht es durch lichte Kiefernwälder und Silja strampelt wie ein Weltmeister, hinten in ihrem Gepäckkorb haben es sich ihr Baby und ein grüner Drache bequem gemacht. Der Tigerentenwimpel schlägt mächtig aus, wenn die Kleine Gas gibt. Ohne Autoverkehr ist es wirklich sehr entspannt, mit ihr zu radeln, wobei sie natürlich noch keine richtig langen Etappen bewältigen kann. Aber das war nun auch nicht geplant und mit Kind muss man ohnehin das Pensum anders einteilen. Wir wollen Silja natürlich nicht überfordern, sie soll den Spaß an den Reisen nicht verlieren. Ich möchte Silja fragen hören: »Papa, wann gehen wir auf Reisen?« Bis jetzt hat sie immer wieder gefragt, auch wenn sich ihre Bedürfnisse auf den Touren verändert haben.

In Warsin stoßen wir auf die Küstenstraße, der Blick auf das Stettiner Haff wird frei und Ueckermünde, das Ziel unserer Reise, ist in greifbarer Nähe. Und da ist es, das Meer! Die Fahrräder fallen in den Sand und wir stürmen alle drei ans Wasser. Es ist flach, Silja kann weit hineinlaufen und freut sich, Susanne nass spritzen zu können. Die beiden liefern sich wilde Verfolgungsjagden und sind ruckzuck pitschnass. »Jetzt schnapp ich dich!«, ruft Susanne und Silja rennt kreischend davon. Sie ist schnell, fällt immer wieder hin und schluckt dabei salziges Haffwasser. »Bähh!« ist ihr einziger Kommentar und schon ist sie wieder auf der Flucht.

Nachdem wir diesen ersten Kontakt mit dem Meer ausgiebig genossen haben, machen wir uns auf die Suche nach einem schönen Campingplatz. Siljas einziges Entscheidungskriterium: Das Meer muss direkt beim Zelt sein, oder umgekehrt! Wir finden unseren Traumplatz etwas westlich von Ueckermünde in Grambin, einem weiträumigen Areal mit eigenem Badestrand. Wir genießen hier noch drei Tage bei schönstem Wetter und machen einen richtigen Strandurlaub – das können wir nämlich auch!

Hinter Gartz geht es etwas bergauf. Der Dachsberg hat immerhin 40 Meter Höhe über normal Null!

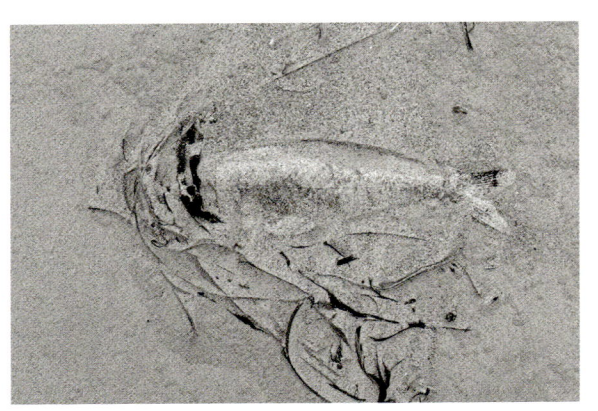 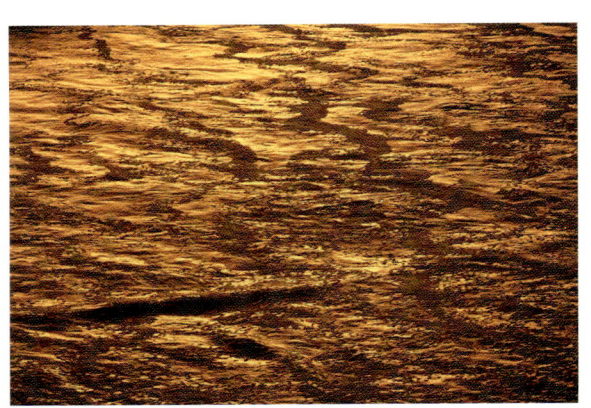

10 | Inseln der Gezeiten

Die äußeren Hebriden vor Schottland

Die See ist wild. Oban, Startpunkt unserer Reise, ist schon nicht mehr zu sehen.
Die Wellen tragen sind von Schaum gekrönt. Kein gutes Zeichen für jemanden,
der von Seekrankheit geplagt ist. Mir ist schlecht, und nur wenn ich ganz ruhig
sitze und mich auf einen Punkt konzentriere, ist Schlimmeres zu verhindern.
Silja ist topfit und auch Susanne hat keine Probleme mit der wogenden See.
Die Mädels ziehen los, zuerst ins Bordrestaurant und dann an Deck. Vielleicht
sind ja Delfine zu sehen.

Fünf Stunden dauert mein Kampf mit dem Gleichgewichtssinn, dann haben wir Castlebay erreicht. Hauptort und »Metropole« der Insel Barra, nach der Insel Vatersay die südlichste bewohnte Insel der äußeren Hebriden.

Es schüttet wie aus Eimern, als wir den schützenden Bauch des Schiffes verlassen, und der Regen kommt von der Seite – horizontal! Sturm macht es fast unmöglich, sich auf dem Fahrrad zu halten. Silja sitzt im Anhänger, windgeschützt und trocken. Schon jetzt wird klar, dass es die richtige Entscheidung war, den Anhänger zu wählen und nicht das Trailer Fahrrad, auf dem auch Silja jetzt diesem »Unwetter« ausgesetzt wäre. Wir bleiben nicht in Castlebay und radeln gegen den Wind in Richtung Vatersay. Ob das eine gute Entscheidung war? Nach einer Stunde sind wir jedenfalls völlig durchnässt, der Wind peitscht uns den Regen um die Ohren.

Endlich entdecken wir eine kleine Ebene direkt an der Küste, windgeschützt durch einige hohe Felsen. Dort errichten wir unser rotes Zelt. Im Zelt ist endlich Ruhe, der Wind ist weg, wir können uns ganz normal unterhalten und langsam entspannen wir uns. Die Wolle wärmt und die nassen Klamotten liegen im Vorzelt. Die Stimmung steigt und der Kocher läuft auf Hochtouren. Es gibt Brühe mit Sternchennudeln und Spaghetti Bolognese.

Wir sind erschöpft von dieser ersten Etappe und auch etwas verunsichert über die Wahl unseres Reiseziels.

Sind diese von Atlantikstürmen umtosten Inseln doch zu extrem für eine Familien-Fahrradtour?

»Papa, ich will Muscheln sammeln!«

Wir wachen auf, die Sonne steht am Himmel und es geht kaum Wind. Silja schlüpft in ihre Gummistiefel und springt hinaus in eine neue Welt, die gestern vor lauter Sturm und tiefen Wolken nicht zu sehen war. Das Packen dauert etwas, noch sind nicht alle Handgriffe verinnerlicht und außerdem haben wir Zeit, sehr viel Zeit. Für die äußeren Hebriden haben wir großzügig sechs Wochen eingeplant, für eine Strecke von etwa 400 Kilometern mit dem Fahrrad und ein paar Wanderungen. Schon nach fünf Kilometern erreichen wir die traumhaften »Karibikstrände« von Vatersay, eine durch einen künstlichen Damm erschlossene Insel südlich von Barra. Der Sand ist blendend weiß und bildet zu dem türkisfarbenen Wasser einen fast schon kitschigen Kontrast. Silja ist nicht mehr zu halten. »Papa, ich will ins Meer! Papa, ich will Muscheln sammeln! Papa, ich brauche meine Schaufel!« Und das alles natürlich sofort! Susanne geht mit Silja an den Strand und ich suche einen Platz für unser Zelt. Auch wenn der Tag auf dem Rad kurz war, hier müssen wir natürlich bleiben. Oben auf den Dünen finden sich grandiose Zeltplätze. Als das Zelt steht, blicke ich hinunter zum Strand und sehe ein glückliches Kind. Nun bin ich mir sicher, dass wir genau richtig sind, hier auf den äußeren Hebriden.

Wind, Wellen, Wetter

Unser Zelt steht am Oststrand von Vatersay, die See ist hier relativ ruhig. Doch vom Weststrand ist gegen Abend ein mächtiges Rauschen zu hören, und so breche ich nach dem Abendessen zu einer kleinen Wanderung auf, hinüber zum Strand Bagh Siar. Was ich sehe, raubt mir fast den Atem. Meterhohe Wellen rauschen im schnellen Rhythmus an Land, verlaufen im weißen Sand und hinterlassen ein glitzerndes Bild, schön und vergänglich, für einen Augenblick ist alles Gold. Der purpurne Himmel spiegelt sich im seichten Wasser der ausgelaufenen Wellen. Ich sitze noch lange oben auf den Dünen und nehme dieses intensive Bild in mich auf.

In der Nacht beginnt es wieder zu regnen, und auch am Morgen prasselt der Regen auf die Zelthaut. Es hört nicht auf zu schütten und so entschließen wir uns, schon einen Rasttag einzulegen. In der Nähe unseres Lagers gibt es ein kleines Café, betrieben von den Landfrauen Vatersays. Es läuft Musik der Vatersay Boys, es gibt Kaffee und selbstgebackenen Kuchen und Kakao für Silja. Wir sitzen im Warmen und draußen regnet es in Strömen – wunderbar.

Wie in der Karibik

Kein Wind, kein Regen, keine Ausrede. Wir brechen auf, radeln entlang der Westküste von Barra und erreichen den Fähranleger im Norden der Insel. Wir haben noch Zeit bis zur Überfahrt nach Eriskay und schauen noch kurz zum Strand Traigh Mhor. Wieder sind wir sprachlos. Als wären wir in der Karibik, ein riesiger Strand erstreckt sich bis zum Horizont, strahlend weiß und scheinbar endlos. Wir bleiben und verschieben die Überfahrt auf morgen. Eine weise Entscheidung, denn der Abend am Strand ist einfach wunderschön und der nächste Tag ist aufregend, auf jeden Fall für Silja. Der breite Strand wird bei Ebbe als Flugplatz benutzt, und als das erste Flugzeug landet, ist Silja sichtlich beeindruckt. »Papa, wieso kann ein Flugzeug fliegen, warum fällt das nicht einfach runter?« Meine Erklärungsversuche werde ich hier nicht beschreiben …

Wir erwischen die zweite Fähre des Tages und setzen über nach Eriskay. Vom Schiff aus beobachten wir Robben, wie sie träge in der Sonne liegen. Silja ist begeistert. Wieder an Land radeln wir weiter und kaufen im kleinen Ort der Insel ein. Der Laden hat sogar Gaskartuschen, so sind wir auf der sicheren Seite mit unseren Brennstoffvorräten. Eriskay ist über einen Damm mit South Uist verbunden, einer langen, schmalen und relativ flachen Insel, die uns weiter Richtung Norden führen wird. Das Besondere sind aber die Strände an der Westküste der Insel. Über Kilometer bestimmen sie die Küstenlinie, schneeweiß und menschenleer. Wir übernachten am Südzipfel der Insel und am nächsten Morgen starten wir zu unserer ersten Strandwanderung. Wir dürfen unsere Räder bei einem Hotel unterstellen, bauen Siljas Anhänger zu einer Rikscha um und schultern die Rucksäcke, die wir anstatt der Fahrradtaschen auf Hänger und Gepäckträger fixiert hatten. Innerhalb einer halben Stunde können wir auf diese Weise von der Fahrradtour zur Strandwanderung wechseln. Der Wagen läuft leicht über den festen Sand, Silja rennt voraus und sucht Muscheln. Ich bin begeistert, unser Plan geht auf. Mühelos lässt sich die Ausrüstung transportieren und es bleibt viel Zeit zum Schauen und Staunen. Sobald Silja erschöpft ist oder nicht mehr laufen will, klettert sie in den Hänger und macht Siesta. Das klappt super und ich freue mich auf die nächsten Tage, die wir entspannt unterwegs sein können, denn die Strände von South Uist sind lang.

Der große Kreislauf des Lebens

Am Abend beginnt es wieder zu regnen. Wir errichten das Zelt oben auf den Dünen und haben einen weiten Blick auf den Atlantik. Nicht weit vom Strand dümpeln Robben im seichten Wasser. Schon den ganzen Tag haben sie uns neugierig begleitet. Sie tauchen kurz auf, schauen und sind dann wieder verschwunden. Silja ist sehr aufmerksam und entdeckt sie immer als erste.
Sonne und blauer Himmel, wunderschöne weiße Wolken und rauschende Wellen, so kann ein Tag auch beginnen. Schon nach wenigen hundert Metern bleibt Silja wie angewurzelt stehen, sie hat

etwas entdeckt. Als ich die Kleine erreiche, ist sie ganz außer sich. »Papa, ein toter Wal!« Was dort im Sand schon halb verwest liegt, ist ein kleiner Delfin, vielleicht ist er gestrandet, vielleicht vor Erschöpfung gestorben oder er war verletzt. Susanne geht mit Silja noch etwas näher heran. »Mama, sollen wir den Delfin begraben?« Ich versuche Silja zu erklären, dass auch dieser tote Delfin Teil des großen Kreislaufs der Natur ist und so die Möwen und Raben etwas zu fressen finden. Silja legt dem Delfin ein paar Algen vor die Schnauze. »Falls er Hunger bekommt, Papa«, erläutert sie. Gerührt gehen wir weiter und ich denke darüber nach, wie wichtig es ist, mit Kindern auch über Leben und Sterben zu reden, und dass es gar nicht so leicht ist, die richtigen Worte zu finden.

Von Stinkealgen und Gänseschwärmen

Stellenweise liegen große Mengen Algen am Strand, zum Teil gehen sie schon in Verwesung über. Es stinkt furchtbar und Silja muss sich sehr aufregen. »Bäh, Stinkealgen«, beschwert sie sich und hält sich die Nase zu. Sie rennt los, um dem Gestank zu entkommen. Sie lacht und hat eher großen Spaß mit den »Stinkealgen«.
Noch drei weitere Tage laufen wir entlang der Strände durch die »Karibik« und erreichen dann, wieder mal im Regen, Tobha Mor. Ein kleines Dorf mit Kirche, Tankstelle und einigen traditionellen Black Houses –

das sind gedrungene Häuschen aus Stein, mit Dächern aus Reed und kleinen Fenstern, die dem Sturm wenig Angriffsfläche bieten. In solch einem Black House ist eine einfache Herberge untergebracht. Wir errichten unser Zelt im Garten und nutzen die Gelegenheit zum Duschen und zum Essen im Trockenen. Am Abend reißt die Wolkendecke auf und färbt die Landschaft in ein kräftiges warmes Licht. Gänse ziehen in großen Schwärmen über uns hinweg. In der Nähe liegen ihre Brutplätze. Es gibt hier einige der größten Populationen in Europa. Von Thoba Mor nehmen wir am nächsten Morgen den Bus zurück zum Südzipfel der Insel, wo wir in dem Hotel unsere Fahrräder untergestellt hatten. Wir gönnen uns einen Kaffee in der Hotelbar, bauen um und radeln dann durch South Uist Richtung Norden. Wir haben Rückenwind und kommen sehr schnell voran. Die Strecke, für die wir zu Fuß vier Tage benötigt haben, bewältigen wir unter diesen Bedingungen an einem Tag. Wir erreichen sogar noch North Uist, die nächste Insel auf unserer Reise.

Unsere Insel

Der Lagerplatz an diesem Abend ist grandios. Auf einer kleinen Felseninsel, die wir bei Ebbe trockenen Fußes erreichen können, errichten wir unser Zelt. Wir kochen, spielen und genießen die Stimmung. Immer wieder suche ich das Gelände mit dem Fernglas ab, hier sollen viele Fischotter leben, doch leider kann

ich keinen der scheuen Gesellen entdecken. Die Flut kommt, das Wasser steigt und mir wird mulmig. War die Wahl des Platzes wirklich gut? Dass das Wasser so weit steigen würde, hätte ich nicht gedacht. Der Pegel steigt weiter, ich mache mir eine Markierung, um festzustellen, wie schnell das Wasser kommt. Es kommt sehr schnell! In meinem Hinterkopf entwickle ich einen Fluchtplan, der uns von der Insel runter bringt. Doch meine Markierung ist immer noch zu sehen und das bleibt auch so. Der Höchststand ist erreicht und wir sind sicher auf dem kleinen Eiland. Nun können wir diesen extravaganten Zeltplatz so richtig genießen. Im Osten hängen schwarze Wolken in den Bergen. Dort regnet es. Wir sitzen hier in der Sonne und bestaunen einen Regenbogen, vollkommen, von Schatz zu Schatz, ist er zu sehen. Mit seinem ganzen Farbspektrum steht er am Himmel und wir sind glücklich. In der Nacht kommen die Otter, ich kann sie nicht sehen, aber ihr Platschen und Schmatzen ist deutlich zu hören.

Regenbögen über dem Meer

Es ist kalt und es regnet. Wir kuscheln Silja in eine Decke und schlüpfen dann in unsere Regenklamotten, sogar Handschuhe sind heute angesagt. Nach drei Stunden anstrengender Fahrt erreichen wir Solas, einen kleinen Ort mit Supermarkt. Er ist der Ausgangspunkt für unsere zweite Strandwanderung. Im letzten Haus von Solas fragen wir nach Wasser

und haben Glück. Der Bürgermeister persönlich versorgt uns mit Trinkwasser und gibt uns noch den Schlüssel vom Gemeindeschuppen am Strand. Dort können wir unsere Fahrräder unterstellen und bei Regen auch im Trockenen kochen. Diese Begegnung passt zu unseren Erfahrungen mit den sehr hilfsbereiten und vor allem unkomplizierten Schotten. Wieder bauen wir unsere Fortbewegungsmittel um und ziehen bei leichtem Regen und Ebbe los. Der Strand ist hier sehr breit und so wirkt es, als ob wir mitten im Meer laufen. Wir wollen die Halbinsel Machair Leathann umrunden und in drei Tagen wieder hier am Schuppen sein. Regenpfeifer schwirren vor uns her, rufen laut und durchkämmen den weichen Meeresboden nach allerlei Getier. Weit draußen ist das Meer vage zu erkennen und bald wird hier, wo wir laufen, wildes Wellenrauschen sein.

Wir erreichen nach zwei Stunden Aird a Mhorain, die höchste Erhebung weit und breit an der Spitze der Landzunge. Der Hügel ist dicht bewachsen mit kräftigem Dünengras, das sich im Wind wiegt. Wir finden einen Platz mit niedrigem Gras und bauen unser rotes Zelt auf. Unterhalb des Lagers rasten Gänse im seichten Wasser, fliegen ab und zu auf und schreien markant. Silja und ich beobachten sie mit dem Fernglas. Mittlerweile gelingt Silja das Durchschauen recht gut und sie hat großen Spaß beim Entdecken und Finden. Die Flut kommt und wilde Wellen brechen sich an der Felsenküste im Westen unserer

Insel. Das Meer ist schwarz und die weißen Schaumkronen bilden einen furchteinflößenden Kontrast. Selbst hier oben ist das Donnern der Wellen laut und beeindruckend, die Sonne bricht durch dunkle Wolken und sendet scharfe Strahlen aufs tosende Meer. Silberne Flächen glitzern auf dem Wasser und verschwinden wieder, kleine Inseln am Horizont wirken verloren. Drüben im Osten haben Regenbögen ihren Auftritt, weit und kräftig spannen sie sich über den Horizont. Wir schlafen wunderbar in dieser Nacht, untermalt vom Rauschen der Wellen und ab und zu vom Ruf der Wildgänse – ein guter Ort.

Wo die Uhren anders gehen

Wir sind auf Berneray, einer kleinen Insel zwischen North Uist und Harris. Mit North Uist ist sie durch einen Damm verbunden. Um nach Harris zu gelangen, müssen wir wieder eine Fähre nehmen. Doch zuerst genehmigen wir uns einen Tee im örtlichen Tea Shop und verbringen die Nacht beim Black House. Unser Zelt steht im Garten und zum Kochen geht's in die gemütliche Küche der Herberge. Und hier gibt es auch Bob, einen Skyeterrier und eine echte Persönlichkeit. Silja ist sofort verliebt in ihren Bob und wirft Bälle für ihn. Stundenlang. Die Besitzer von Bob scheinen froh zu sein über diese »Entlastung« und laden uns zu einem Kaffee mit schottischen Keksen ein. Natürlich bekommen wir von diesen echten Schotten noch einige Tipps für unsere weitere Reise auf den Hebriden. Und wir erfahren von ihnen, dass die Uhren auf den äußeren Hebriden anders gehen als auf dem Festland, nämlich viel langsamer. Als ob wir das noch nicht mitbekommen haben, denke ich mit einem Schmunzeln.

Strand und Berge in goldenem Licht

Wir erreichen Harris im Regen, die Gipfel der Berge sind in dichten Nebel gehüllt. Hier auf Harris ist es im Gegensatz zu den anderen Inseln richtig gebirgig – Schottland im Kleinformat. Wir radeln im Regen, haben aber wenigstens Rückenwind. Galloway Rinder stehen auf saftigen Wiesen und glotzen uns an. »Mama, wo ist denn da vorne und hinten?«, fragt Silja sichtlich beeindruckt von diesen Zottelwesen. Dann liegt er vor uns: Traigh Scarasta – laut einer Umfrage einer der schönsten Strände der Welt. Wir können nur ahnen, wie schön er wirklich ist, dennoch erfasst uns eine besondere Stimmung. Der Sand reflektiert das wenige Licht und scheint von selbst zu leuchten, ein warmes Gelb verschwindet im Horizont und verbindet unten mit oben, alles wird eins. Wir steigen wieder auf unsere Räder und erreichen bald den Strand von Horgabost. In der Karte war nur ein Picknickplatz eingezeichnet, doch nun eröffnet sich uns ein grandioses Areal zum Zelten. Auf einer Düne errichten wir unser Zuhause für diese Nacht, und wie bestellt bricht die Sonne durch die Wolken, taucht Strand und Berge von Harris in goldenes Licht.

Susanne und Silja tanzen am Meer, rennen ins Wasser und wieder hinaus. Silja ist glücklich. Sie hat viel Geduld im Anhänger und kann sich lange allein beschäftigen. Manchmal höre ich sie auch singen, oder sie erzählt unsichtbaren Mitfahrern ihre Geschichten. Doch nun muss die Energie einfach raus, sie spritzt Susanne nass und rennt mit langen Schritten davon, der Strand ist erfüllt von ihrem Lachen.

Das Summen der Midges

Über ungewohnt steile Straßen geht es weiter Richtung Norden, die Berge von Harris sind wild, ein schöner Kontrast zu den Inseln im Süden. Fjorde und Seen gestalten eindrucksvolle Bilder. Am Ufer des Lough Shiphoirt schlagen wir an einer alten Fischfarm unser Lager auf. Es geht ein leichter Wind. Wir gehen zum Kochen ins Zelt und auf einmal klingt es, als gehe ein leichter Schauer nieder. »Papa, es regnet«, stellt Silja fest, sicher, das Geräusch richtig erkannt zu haben. Ich schaue aus dem Zelt: Sonne, keine Wolke am Himmel…? Plötzlich bestürmt mich ein Schwarm kleiner Moorfliegen. Ich schlage wild um mich und flüchte zurück ins Zelt. Was da an unser Zelt trommelt, ist kein Regen, es sind Midges, bissige kleine Moorfliegen. Ganze Heerscharen! Sie sind wild entschlossen, unser Zelt zu stürmen. Das Vorzelt füllt sich mit Fliegen, nur im Innenzelt sind wir sicher vor diesen kleinen beißenden Biestern. Wir kochen also zwischen Schlafsäcken und Isomatten, während

draußen das Summen der Midges immer lauter wird. Und es kommt, wie es kommen muss: »Papa, ich muss Pipi!« Tja, da haben wir jetzt echt ein Problem! Wir können definitiv nicht raus! Silja würde aufgefressen, und so entscheiden wir uns für die Errichtung einer Toilette in der hinteren Apside unseres Zelts. Was muss, das muss…
Beim Einschlafen schicke ich einen Wunsch ins Universum: Wind, viel Wind, Sturm! Damit den Fliegen das Fliegen vergeht!
Am Morgen geht kein Lüftchen, es prasselt unvermindert auf der gespannten Zelthaut. Wir überlegen uns einen Fluchtplan, Susanne und Silja ziehen sich an und flüchten ans Wasser. Dort sind weniger Midges als über der Heide. Ich ziehe meine Regensachen und Handschuhe an und stülpe mir das Moskitonetz über den Kopf. So bin ich komplett geschützt. Aber meine Nerven liegen blank, ich kriege fast einen Hitzschlag in dieser Montur, und als ich dann endlich draußen bin und das Zelt verpacke, sitzen mindestens eine Million Midges auf mir. Selbst wenn sie mich nicht beißen können, macht mich dieses Gefühl wahnsinnig. Ich halte es nicht mehr aus und wälze mich in der Heide. Für Sekunden bin ich frei, dann kommt die nächste Million. So schnell habe ich noch nie gepackt! Nach zehn Minuten (Weltrekord!) sind die Räder startklar. Susanne und Silja kommen vom Wasser gerannt, Silja stürzt in den Hänger und wir radeln los. Der Fahrtwind bringt

die Erlösung, da kommen diese Monster nicht mehr mit, wir sind gerettet. Während unserer Zeit auf den Hebriden war dies die unangenehmste Begegnung mit den Plagegeistern Schottlands. Durch den fast ständigen Wind auf den äußeren Hebriden stellen die Midges eigentlich kein Problem dar – eigentlich…

Im Rhythmus der Inseln

Heute werden wir Stornoway erreichen, Metropole der Inseln und Wendepunkt unserer Reise. Von dort werden wir wieder Richtung Süden fahren – auf denselben Straßen, aber mit neuen Blicken. Zuerst erschien uns diese Variante wenig reizvoll. Doch nun, nach fast vier Wochen auf »unseren« Inseln, sind wir froh, noch eine Weile in dieser zauberhaften Welt sein zu dürfen. Was uns so fasziniert, ist ganz einfach zu fassen: es ist die Landschaft, die Weite, aber es ist vor allem der Rhythmus dieser Inseln. Es ist ein langsamer, stetiger Herzschlag, Tag für Tag, Horizont für Horizont. Und selbst die Regenbogen lassen sich hier mehr Zeit.

Der Wagen läuft leicht über den festen Sand, Silja rennt voraus und
sucht Muscheln. Unser Plan geht auf. Mühelos lässt sich die Ausrüstung
transportieren und es bleibt viel Zeit zum Schauen und Staunen.

11 | **Abstieg ins Paradies**

Wandern im Grenzland Bergell

Jetzt ist es also soweit, wir stehen in Casaccia, die Rucksäcke sind gepackt und auch Silja hat den kleinen Rucksack mit ihren wichtigsten »Ausrüstungsgegenständen« gefüllt. Wir brechen zu unserer ersten Wanderung auf, ohne dass wir Silja tragen, ziehen oder schieben, ohne dass sie im Boot sitzt oder auf einem Muli. Siljas erste richtige Wanderung. Zu Hause haben wir versucht zu erspüren, ob Silja schon fit genug ist für solch eine Tour und kleine Testwanderungen unternommen. Diese waren allerdings nicht sehr erfolgreich. Auf unser Drängen, doch einfach mal den Weg zur Pferdeweide selbst zu laufen, antwortete sie: »Wenn wir richtig aufbrechen, dann lauf ich auch!«

Als die Rucksäcke gepackt sind, bin ich etwas nervös, ob es wirklich klappen wird. Irgendwie ist diese Wanderung jetzt eine entscheidende Sache für uns, wir haben die Pyrenäen durchquert, sind mit Schneeschuhen und Pulka durch die Basilicata gezogen, mit Muli durch unsere Heimat gewandert und mit dem Boot in Lappland gepaddelt, doch wenn Silja keinen Spaß am Wandern hat und einfach nicht laufen will – wie geht es dann weiter mit unseren Reisen? Wir werden sehen.

Und zwar jetzt: es ist warm, Casaccia liegt auf 1500 Metern Seehöhe; das Tal, das wir heute erreichen wollen, liegt auf 1850 Metern. Geplant habe ich für die erste Etappe nur drei Kilometer, aber immerhin sind es 350 Höhenmeter.

»Papa, stell mir mal meine Wanderstöcke richtig ein«, fordert Silja mich auf und dann stapft sie entschlossen los. Ich könnte platzen vor Stolz bei diesem Anblick. Nach hundert Metern kommt eine Quelle und Silja fordert die erste Pause. Um ihre gute Stimmung zu bewahren, willigen wir ein und setzen die Rucksäcke ab. Ich hoffe nur, dass das jetzt nicht alle hundert Meter passiert.

Nach weiteren hundert Metern treffen wir auf einen kleinen Kletterfelsen, Silja wirft den Rucksack ab und beginnt zu klettern. Ich übe mich in Geduld, merke aber, wie ich langsam unruhig werde. Doch um den Erfolg dieser Mission nicht zu gefährden, sage ich nichts, sondern lasse sie klettern.

»Das schaffst du nie, Silja!«

Silja spürt wohl, was ich denke, denn sie nimmt den folgenden Anstieg wie eine Gämse und ist kaum zu bremsen. Wir erreichen das Tal Maroz, Grasmatten ziehen sich weit hinauf an den Flanken der bizarren Gipfel und Grate. Das Bergell ist wild, das Gebiet um den Piz Duan ist das größte Gebiet der Schweiz ohne touristische Infrastruktur. Keine Berghütten, keine Skilifte – aber viel Ruhe. Sogar Wölfe ziehen ab und zu durch diese Täler. Wir haben uns für diese Region entschieden, um jederzeit das Zelt aufbauen zu können, um flexibel zu sein.

Unterhalb eines Wasserfalls finden wir Platz für unser kleines Tunnelzelt, ruckzuck ist Silja nackig und stürzt sich in das eiskalte Wasser. Ich würde da noch nicht mal meine Füße reinhalten. Sie hat großen Spaß, bis ihr plötzlich auf Augenhöhe eine riesige Kröte begegnet. Ein Schrei und sie ist aus dem Wasser und will lieber wieder klettern. Der Abend ist wunderbar, die warme Sonne auf dem Rücken und den Stolz in der Brust.

Wir schlafen, bis uns am Morgen Glocken wecken. »Papa, können die Kühe bis ans Zelt kommen?«, fragt Silja mich etwas ängstlich, und bevor ich noch antworten kann, sind sie auch schon da: schöne braune Alpenkühe und auch ein paar Jungtiere. Silja nimmt sich ein Herz und tritt vorsichtig näher. Schließlich streichelt sie sogar die ruhigen Tiere und ist kaum dazu zu bewegen, ihren Rucksack zu packen.

Der weitere Weg wird schon etwas alpiner und Silja hat große Freude an meiner Aussage: »Hier ist Schluss für dich, dieses Stück schaffst du nicht, da kommst du nie drüber.« Mit strahlendem Gesicht nimmt sie wie eine Gämse die hohen verblockten Stufen. »Schau, Papa, ich bin schon da!«, jubelt sie. Wenn es doch immer so einfach wäre…

Auch das zweite Lager unterhalb des Aufstiegs zum Lägh da la Duana ist zauberhaft. Der Blick ist atemberaubend und Murmeltiere begleiten uns mit ihren Pfiffen bis zur Dunkelheit. Auf einem großen ebenen Stein sitzen wir schließlich im Kreis und kochen Hochzeitssuppe und Spinatnudeln. Wie so oft ist das Glück ganz einfach.

Ein kleiner Sechser im Lotto

Der Weg zum Lägh da la Duana ist steil und einige Passagen sind etwas ausgesetzt. Ich lege Silja den Brustgurt an und nehme sie an ein sieben Meter langes Seil. Silja findet das natürlich sehr spannend, Susanne und ich finden es vor allem sicher. Das Wetter wird schlechter, Wolken ziehen auf, es wird kalt und etwas ungemütlich. Silja läuft perfekt am Seil und auch später, als ich sie losbinde, ist sie kaum zu halten. Susanne und ich schauen uns oft an, etwas ungläubig, doch voller Freude.

Oben am Pass weht ein richtig kalter Wind, Silja baut ein Steinmännchen und dann steigen wir ab zum See. Ich traue meinen Augen nicht, als ich unser Lager für die Nacht erblicke. Ein völlig ebener Platz mit kurzem Gras und ohne Blumen, die wir nur ungern zerdrücken. Vor allem der Windschutz, den Schäfer aus flachen Steinen gebaut haben, ist grandios. Silja zieht sofort ein in ihr Haus und ist in den nächsten Stunden damit beschäftigt, sich einzurichten, zu kochen und uns in ihrem Haus zu bedienen. So ein Platz ist wie ein Sechser im Lotto.

In der Nacht schrecke ich hoch. Es ist taghell im Zelt, Blitze zucken und schon hallt mächtiger Donner durchs Tal. Auch Susanne und Silja werden wach. Heftiger Regen setzt ein. Laut prasseln die Tropfen auf der gespannten Zelthaut. »Papa, wann hört es endlich auf zu regnen?«, fragt Silja mich schlaftrunken. Ich ziehe sie noch ein Stück näher an mich heran und ein paar Augenblicke später geht ihr Atem ruhig und sie schläft.

Am nächsten Morgen genieße ich das Erwachen der Natur. Über dem See ziehen Wolken, wie Dampf steigen sie auf, hoch zum Gletscher am Piz Duan. Susanne und Silja schlafen noch, als die Sonne immer stärker durch die Wolken bricht. Das Wollgras erholt sich vom nächtlichen Regen und trocknet in der frühen Sonne. Ich mache Bilder und genieße dieses Schauspiel der Berge. Da kommt Silja angelaufen, in voller Montur und mit verschlafenen Augen. Wir unternehmen eine kleine Exkursion zu dieser frühen Stunde und gehen dann zurück zum Zelt. Ich rieche schon den Kaffee.

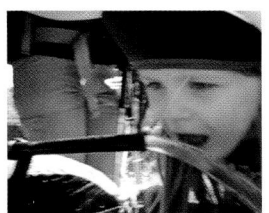

Unser Blick ins Paradies

Nach dem Packen ziehen wir weiter durch das Tal da la Duana, hinauf zum gleichnamigen Pass. Das Wetter wird immer besser, ein blauer Himmel spannt sich über das Bergell. Von unserem Lager aus sind es nur noch 150 Höhenmeter bis zum Pass. Das Gelände ist einfach zu laufen. Doch Silja hat einen kleinen Durchhänger und ist ziemlich am Jammern. Susanne mit ihrer unendlichen Geduld schafft es, die Kleine immer wieder etwas zu motivieren. »Komm, Silchen, dort oben bauen wir wieder ein Steinmännchen …« Und Silja steigt wieder ein paar hundert Meter weiter. Ihren Rucksack habe ich bereits auf meinen geschnallt.

Wir erreichen den Pass, 2700 Meter hoch, der Blick hinüber zu den großen Granitbergen des Bergell raubt uns den Atem. Es ist, als würden wir fliegen. Wir blicken ins Paradies und heben gleich ab, unter uns fällt der Weg 1600 Meter hinab nach Soglio, dem Ziel unserer Wanderung. Am Horizont wachsen sie in den Himmel: die Cima di Castello, Sciora Dadent und die steinerne Kathedrale Piz Badile mit ihren senkrechten glatten Wänden. Wolken segeln und das flache Licht des Nachmittags modelliert scharf jede Kontur, jeden Grat. »So etwas habe ich noch nie gesehen!«, sagt Susanne staunend. Auch ich bin völlig gefangen von diesem wundervollen Anblick. Wir machen eine lange Pause, es gibt Nüsse und Speck, und als wir aufbrechen, gibt Silja noch eine Runde Tictac aus.

Ich nehme Silja für den ersten Teil des Abstiegs wieder ans Seil und so verlieren wir Meter um Meter an Höhe. Oberhalb von Cadrin errichten wir unser letztes Lager vor Soglio. Der Platz liegt zwischen großen Steinen auf immer noch 2300 Metern Höhe, das Licht ist warm und das Panorama auf der anderen Seite des Tals ist immer noch unfassbar schön. Während Susanne sich auf den Weg macht, um Wasser von einer kleinen Quelle zu holen, sitze ich mit Silja auf einem Stein. Meine Kleine schaut in die Berge und ist ganz still. Erst nach einer Weile sagt sie bestimmt: »Auf diese Berge werde ich nie klettern, das würde ich mich nie trauen. Die sind ja viel zu hoch!«

So viele Horizonte noch

Ich stimme ihr zu, sehe sie aber in Gedanken schon dort oben beim Klettern und beim Steigen auf Grate und Gipfel, wenn sie einmal aufbricht zu ihren eigenen »Expeditionen«, zu ihren Bergen, in ihre Länder, zu ihren Träumen. Und ich denke daran, wie es weitergeht mit uns, jetzt, wo Silja ihre erste eigene Wanderung geschafft hat. Es gibt so viele Ideen, mit Pferden durch die Mongolei, in die Berge des Himalaya oder vielleicht bis nach Japan mit der Transsibirischen Eisenbahn.

Wir haben uns verändert, mit jeder Entdeckung, mit jedem Horizont. Silja hat sich verändert, ihr Leben, ihre Bedürfnisse, haben sich verändert. Und gerade

durch die gemeinsamen Reisen hat sie ein großes
Selbstbewusstsein entwickelt, mit eigenen Ideen
und konkreten Vorstellungen. Das Reisen wird anstrengender, die Auseinandersetzungen werden
heftiger – und das ist gut so.

Bald beginnt der Prozess des Loslassens, eine
Phase, die für uns sicher schwieriger ist als für Silja.
Dieser kleine Mensch gehört nicht uns, sie hat ihr
eigenes Leben und zeigt das immer mehr. Darauf
bin ich stolz. Wenn sie dann in ein paar Jahren aufbricht, um andere wichtige Erfahrungen zu machen,
wird es an uns liegen, ihr zu vertrauen und an das
zu glauben, was wir ihr mitgeben konnten. Und
wenn sie eines Tages sagt: »Komm, Papa, lass uns
in die Berge gehen«, dann werde ich lächeln und
sehr glücklich sein.

Susanne kommt zurück mit frischem Quellwas-
ser, Silja rennt ihr entgegen. Ich bleibe noch ein
wenig sitzen und lasse den Blick schweifen.
Ganz im Westen ziehen schwarze Wolken auf.

Es wird wieder stürmen heute Nacht.

Auch das zweite Lager unterhalb des Aufstiegs zum Lägh da la Duana ist
zauberhaft. Der Blick ist atemberaubend und Murmeltiere begleiten uns
mit ihren Pfiffen bis zur Dunkelheit.

»Hier ist Schluss für dich, dieses Stück schaffst du nicht, da kommst du nie drüber!« Mit strahlendem Gesicht nimmt Silja wie eine Gämse die hohen verblockten Stufen. »Schau, Papa, ich bin schon da!«

Danke

Meinem Vater für den Glauben daran

Dem Jonas für das Können und die Zeit

Julia und Wolfi für das genaue Hinschauen

Ulli und Uli für das Was und das Wie

Julia und Heinrich fürs Machen und Harry fürs Lesen

Dem Bernd von Bergans of Norway

Scandic für alles, was man draußen so braucht

Hilleberg für das Rot ihrer Zelte

Jo und Hanwag dafür, dass alles so gut »gelaufen« ist

Der Jaudenmühle für die Heimat

Susanne und Silja für dieses Leben